日々の料理、
時々ごちそう

まどかの台所

柏木円《まどか》

東京書籍

「たのしみは　春の桜に秋の月　夫婦仲よく三度くうめし」
と昔は言ったらしい。
私たち夫婦は残念ながら桜も月も程々《ほどほど》で、花より団子。
団子というよりは酒だが、飲食が一番の楽しみになっている。
年齢を重ねて色気がなくなってくると、
こうも食い気にこだわるものかと思うのだが、
私たちは毎晩、明日は何を食べようかと話し合っている。
食いしん坊ではないと思いたいが、
どんなものでも続けば飽きてしまうし、
今日は何々、明日は何々が食べたいといった調子だ。
贅《ぜい》がすぎるのでちょくちょくとはいかないが、
たまには店にも行く。
そんな時、まどかさんは何かしら
自分でも作れそうな品を舌と頭に仕入れて、
わが家でも真似ができそうだとニヤリとしては、
レパートリーに加えてきた。
この本は、まどかさんの日々の料理だ。
作って食べておいしいと、自分は天才だと思うものらしい。
天才ではないと思うが、気取りが過ぎず、ほどよく平凡で
それでもキラリと光る一品一品に、日々感謝している。

柏木一天《かずひろ》

たくさんの味の記憶が料理のもと

夫婦以外にはなかなか姿を見せない愛猫さくら。ひとみしりゆえに愛おしい存在。

三重県伊賀市で夫と14歳になる猫の、二人と一匹で暮らしています。

私の生家は伊賀焼の窯元です。大学卒業後、9年間家業に従事し、結婚を機に独立。栃木県の益子に住んだ後、仕事場を作るためにまた伊賀に戻ってきて10年以上経ちました。

日々の生活は、大好きなロクロ仕事を終えたらまずビール。とても機嫌がよいので、この時にかずさん（夫の一天《かずひろ》のこと）とごはん会議をします。冷凍庫冷蔵庫の中身を思い出しながら、過去の料理メモや、携帯で撮りためた膨大な数の料理写真をまとめた手作りの小冊子をめくり、ああでもないこうでもないと1週間分くらいの献立を決めてゆくのです。

私の料理は簡単単純で、麺つゆも白だしも多用します。こんな便利で美味しいものを使わないのはもったいないですから。酒飲み夫婦なので夜は炊きませんが、ご飯は土鍋のお釜で炊きます。ふっくらとつやのある白米や炊き込みご飯に混ぜご飯。おこげも美味しくて嬉しくなっちゃいます。

忙しい時は手間をかけずにパパッとできる簡単な料理が一番。お揚げさん焼いたんとか市販のピザに釜揚げしらすをのせて焼くだけで手軽に一品増やせます。ちょっと時間に余裕のある時は手の込んだ料理も作ります。お正月の香箱がにの甲羅詰めや2日前から仕込む牛すじ煮込み、春巻きは作りながらワクワクする大好きな料理です。職人気質なのでちまちまとした細かい作業がわりと好きで得意なのです。

テレビや本から情報を得て、それを食べるために旅に出て覚えた料理。本を読んで食べたいものが出てきたら即作ってみたり。父や母が昔から作ってくれた料理。姉妹に教えてもらった料理。たくさんの味の記憶が積み重なり、作り続けて今の私の料理があります。

夫婦ともに食べることが生活の中で一番大事。だからケンカはしない、怒らない。笑って美味しく食べることを大切にし、生まれ育った伊賀や、夫の母が送ってくれる日光からの恵みに感謝し、季節を感じる料理を心がける日々。そんな毎日をこの先もずっと過ごしていきたいと思っています。

柏木 円《まどか》

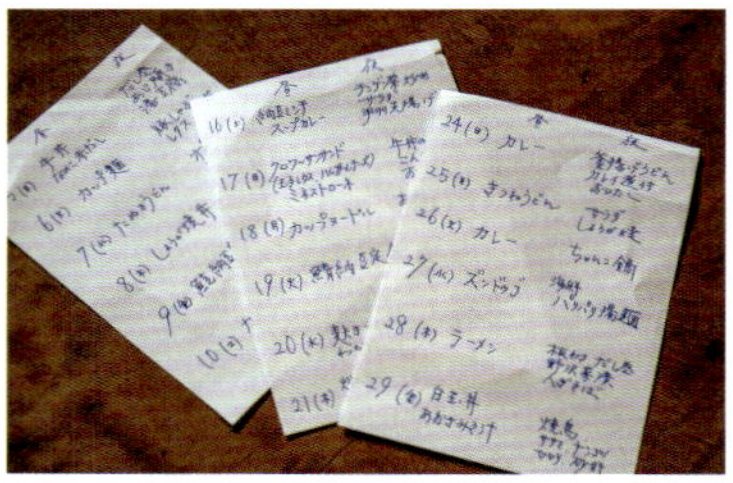

上／夜、ふたりで開く1週間分のごはん会議。食べたい料理をメモして残すことが肝心！
下／かずさんが撮った料理の記録を小冊子にまとめた自家限定2冊のおつまみ帖！

もくじ

たくさんの味の記憶が料理のもと……2
うちの台所……6
索引……110

簡単ですが、こだわりありのうちの定番

生ピーマン、つくねのっけ……8
炒り卵がメインのうちの春巻き……10
「好きなだけどうぞ！」のえびフライ……12
えびカツ煮、マカロニサラダ……13
土鍋シューマイ……14
ガーリックポークソテー……15
うちの「きつね」……16
衣笠丼、きつねうどん……17

つまみは時におかずになる

オイルサーディンのパン粉焼き……19
焼き油揚げ……19
ちくわの磯辺揚げ……19
ゴーヤーチャンプルー……20
新玉明太……21
パリパリ揚げ麺サラダ……21
あじのなめろうと酢じめ……22
冷しゃぶサラダ……23
きゅうりとみょうがの浅漬け……23
たこ焼き……24
明太とろろ……25
カリカリじゃこサラダ……25
塩ねぎ豚カルビ……26
定番豚のしょうが焼き……27
きのことぎんなんのアヒージョ……28
砂肝とれんこんのガリバタ炒め……29
れんこんチップス……29

麺好きの麺々

ソース焼きそば……32
広島風つけ麺……34
担々麺……35
ラーメン……36
煮豚と煮卵、メンマ……37
ぶっかけそば……38
うぞうめん……39
引きずりうどん……40
釜玉明太バターうどん……41
土鍋みそ煮込みうどん……41
カルボナーラ……42
ルパンのミートボールパスタ……43

煮込むことで味を出す

牛すじとこんにゃくの煮込み……44
鶏手羽先と春雨の煮込み……46
ポトフ……48
翌日はスープカレー……49
クリームシチュー……50
楽しみなのがマカロニグラタン……51

待ってました秋のごちそう

松茸のすき焼き …… 54
松茸ご飯 …… 56
人形たけのペペロンチーニ …… 57
新米ご飯とかき玉みそ汁 …… 59
おにぎり三種 …… 62
混ぜご飯 …… 63
天むす …… 64
しら玉丼 …… 65
土鍋焼きビビンパ …… 66
梅じゃこ納豆チャーハン …… 67

大晦日とお正月

大晦日は鴨すき、鴨南蛮がシメ …… 72
元日はまずお雑煮 …… 74
前もって作っておくもの
イクラ、数の子、いかにんじん …… 75
香箱がにの甲羅詰め …… 76
明太だし巻き卵 …… 78
長いものイクラのせ …… 79
鮭の親子丼、鮭の炊いたんイクラかけ …… 79
元日の夜は手巻きずし …… 80
茶碗蒸し …… 80
正月三日は洋食
煮込みハンバーグ …… 82
メヒコ風ピラフ …… 84
キッシュ …… 86
しらすのピザ …… 87

芽吹きの季節

山菜の天ぷら …… 90
野みつばとほたるいかのバター炒め …… 90
わらびと油揚げ、鶏肉の煮物 …… 91
たけのこの鯛しゃぶ …… 92
たけのこの梅あえ …… 94
たけのこのペペロンチーニ …… 95
たけのこご飯 …… 96

夏のとっておきの楽しみ

鮎ご飯 …… 98
鱧はま鍋 …… 100
みょうがの混ぜご飯 …… 102
みょうがのフライ …… 104
トマトと新玉ねぎのサラダ …… 104
みょうがとゴーヤーのおひたし …… 105
みょうがのバターじょうゆ炒め …… 105
たこと新しょうがの炊き込みご飯 …… 106

コラム

梅酢の味仕事 …… 30
津のうなぎ …… 39
愛用の土鍋、圧力鍋、大鍋 …… 47
伊賀の四季、移り変わり …… 52
玄関先に置かれた贈り物 …… 57
わが愛する羽釜、織部釜のこと …… 60
義母から送られる花山椒としその実の塩漬け …… 63
作陶と器のこと …… 68
調味料のこと …… 108

※計量単位は、1カップ＝200㎖、大さじ1＝15㎖、小さじ1＝5㎖です。
※火加減は特にことわりのない場合は中火です。
※電子レンジは500Wのものを使用したときの加熱時間の目安です。600Wの時は加熱時間を0.8倍にして加熱してください。
※加熱時間は材料の状態、調理器具の種類などにより多少の違いがあるので、表示時間を目安に、状態をみながら加減してください。
※塩は自然塩を使用しています（108ページ参照）。

うちの台所

うちの造りはとてもシンプルで、１階が仕事場と食事スペースです。食事スペースは一部屋を食器棚で食卓と台所に仕切っていて、食卓から食器棚越しに台所が見えるのです。この食器棚は、京都の知人が本棚として使っていたのを譲り受けました。調理台側の棚が本棚の下段、食卓側のガラス戸の棚が上段、大きな本棚です。分割して使っていますがこの家によく合ってるなぁと気に入ってます。

台所は横ひと並びにガス台、調理スペース、シンク、洗い物を置く場所を配置。

かずさんとごはん会議で決めた料理を、仕事をしながらの脳内シミュレーション通りに順番に作ってゆくため、ここに立ちます。仕事が終わって台所に入る時間が、毎日のささやかな楽しみなのです。

調理台から後ろを振り向くと棚。そこには土鍋類や大皿とともに、ふだんよく使う器を収納。料理ができたらすぐに器を取り出せる。

台所側の棚と背中合わせに食卓側へ向けて二つの食器棚を並べている。こちらは取り鉢、取り皿など食卓に座ってから取り出す器を。ほとんどが夫婦の作品や、買い集めた骨董、父や妹からもらったもの、旅先で買った器などで大切にふだん使いしている。

上／左の棚の横にはグラス類やマグカップ、土鍋焼きうどんやアヒージョなどのつまみ用によく使う黒小鍋などを収納。
下／こちらの棚には盃や片口、徳利などの酒器、どびんや茶碗などの茶器を入れている。

簡単ですが、こだわりありのうちの定番

定番料理は、スーパーにいつもあるもので経済的で食べ飽きないもの。その代わり、食材を選ぶ時は吟味します。例えばお揚げなら、炊いて美味しいお揚げと焼いて美味しいお揚げがあり、それを見つけるのが楽しい。調理する時も、煮たり揚げたり火を通し、仕上がりにすべての食感がそろうようイメージして、最初に材料の切り方を考えます。これも料理を作り続けてだんだんわかってきたこと。なにごとも押さえるべきは「段取り八分」、料理も仕事も同じです。

生ピーマン、つくねのっけ

材料　2人分

つくね

若鶏胸ひき肉……200g
鶏軟骨……80g
おろししょうが……大さじ1
卵……1個
酒……小さじ1
塩、こしょう……各少量
片栗粉……適宜

タレ

しょうゆ、みりん……各大さじ1弱
ピーマン……8個
油……大さじ1

1. つくねを作る。軟骨は粗みじんに切る。
2. ボウルにひき肉、1、塩ひとつまみを加えてよく練る。おろししょうが、酒、こしょうをふり入れ、卵を割り入れてよく練る。ゆるければ片栗粉大さじ1を混ぜ、直径4㎝ほどのひらたい円形にまとめる。
3. ピーマンは縦半分に切ってヘタと種を取り除き、氷水でキンキンに冷やす。
4. フライパンに油を入れて温め、2を並べて焼く。焼き色がついたら返し、ふたをして蒸し焼きにする。仕上げにタレを回しかけて焼きつける。

ピーマンは氷水でよく冷やしておく。

鶏軟骨を加えることで歯ごたえが増す。

焼き上がりにタレをかけて香ばしく焼く。

肉詰めピーマンではなく、タレをからめて香ばしく焼いたつくねを、キンキンに冷やしたパリッパリの生のピーマンにのせて食べるのです。食感がいい！ ビールが進むうちの定番つまみですが、実は人気ドラマのレシピをアレンジした一品なんです。

炒り卵がメインのうちの春巻き

春巻きは包む具を準備するのが意外とめんどうと思いがち。うちのはメインが炒り卵。食べたいと思う時に気軽に作る気になれます。卵はトロトロくらいに炒《い》るのがコツ。揚げている間にほどよく熱がまわり、ふわふわに仕上がります。具を片栗粉でまとめない分、あっさりしているのも特徴。

材料 10本分

春巻きの皮……10枚
具
卵……2個
春雨……30g
もやし……80g
にんじん(粗めのせん切り)……60g
豚こま切れ肉……80g
にんにく(みじん切り)……1かけ
青じそ……10枚
のり(小麦粉を同量の水で溶いたもの)……適量
揚げ油……適量

1. 具を作る。春雨はもどして食べやすく切る。
2. 豚肉は食べやすく切る。
3. フライパンに油小さじ1(分量外)とにんにくを入れて火にかけ、香りが立ってきたら2を入れ、半分くらい火が通ったら1、にんじん、もやしを加えてさっと炒め、しょうゆ、塩各少量(分量外)をふり、バットに広げる。
4. フライパンを火にかけて温め、卵を溶きほぐして流し、木べらでざっと混ぜる。半熟くらいのところでボウルに取り、3の上に広げる。
5. 春巻きの皮を1枚ずつはがして少しずらして重ねる。青じそをのせ、10等分した4をのせて包み、端をのりで止める。
6. 揚げ油を低めの中温に熱し、5を入れる。きつね色に色づいたら火を強め、カラリと揚げて引き上げ、油をきる。

炒り卵はトロトロくらいでボウルに取る。

もやしは少し手間だがひげ根を取っておくと味が増す。

春巻きの皮は、少しずらして置くとすぐに包める。手前に具をのせたら、しっかり包み込む。

低めの油でゆっくり揚げるのがコツ。

「好きなだけどうぞ！」の えびフライ

小さい頃からえびフライはこれ。うちの母は、大きな大正えびのフライではなく、小ぶりのブラックタイガーを山盛り揚げて出してくれました。昔、実家の食卓は家族以外にいつもだれかしら他人がいました。数が決まっている料理だと、子どもながらに多少の遠慮もあったのだと思います。だからえびフライは小さめのえびであっても、ドカンと大量に大皿に盛って、いくつでもどうぞと出してくれる母の思いの豊かさが好きで、うちでは今だにえびフライはこのスタイル。クルリと揚がるので、結婚して最初に出した時のかずさんのひと言が「何これ？カール？」。

材料　作りやすい分量

えび(ブラックタイガー、無頭、中・小合わせて)……25尾
酒……50㎖
梅酢……小さじ1

フライ衣

小麦粉……適量
卵……1個
牛乳……大さじ1
パン粉……適量

揚げ油……適量
マスタードリーフなど……適宜

タルタルソース

かたゆで卵……2個
らっきょう……4個
玉ねぎ……200g
梅酢、レモン汁……各小さじ1
マヨネーズ……1カップ弱
パセリ(みじん切り)……大さじ2
塩、こしょう、しょうゆ……各少量

パン粉とえびの間に小麦粉を広げ、卵液のボウルを置くと衣つけの作業がしやすい。

1. えびは殻を除き、背ワタがあれば取って酒、梅酢をふりかける。
2. タルタルソースを作る。ゆで卵、玉ねぎ、らっきょうをみじん切りにし、残りの材料を加えて混ぜ合わせる。
3. 衣用の卵を割りほぐし、牛乳を混ぜる。
4. 1に小麦粉、3、パン粉を順につける。
5. 中温の油に4を入れて、きつね色になるまでカラリと揚げ、油をきる。
6. リーフは洗って水けをしっかりきり、食べやすくちぎって5とともに器に盛り、2を添える。

マカロニサラダ

タルタルソースは意外に手間がかかるもの。いつも多めに作ってサラダにし、これも翌日の夜のつまみに。

材料と作り方　2人分

マカロニ60gを表示通りにゆでてザルにあける。タルタルソース½カップに梅酢小さじ½を混ぜ、マカロニを加えて混ぜ合わせる。

えびカツ煮

残ったえびフライは、翌日の夜のビールのあてになります。

材料と作り方　2人分

フライパンに麺つゆ¼カップ、水½カップを入れて煮立て、繊維に沿って薄切りにした玉ねぎ50gを散らし入れる。えびフライを6本並べ、卵2個を溶きほぐして回し入れ、みつば適量をざく切りにしてのせる。

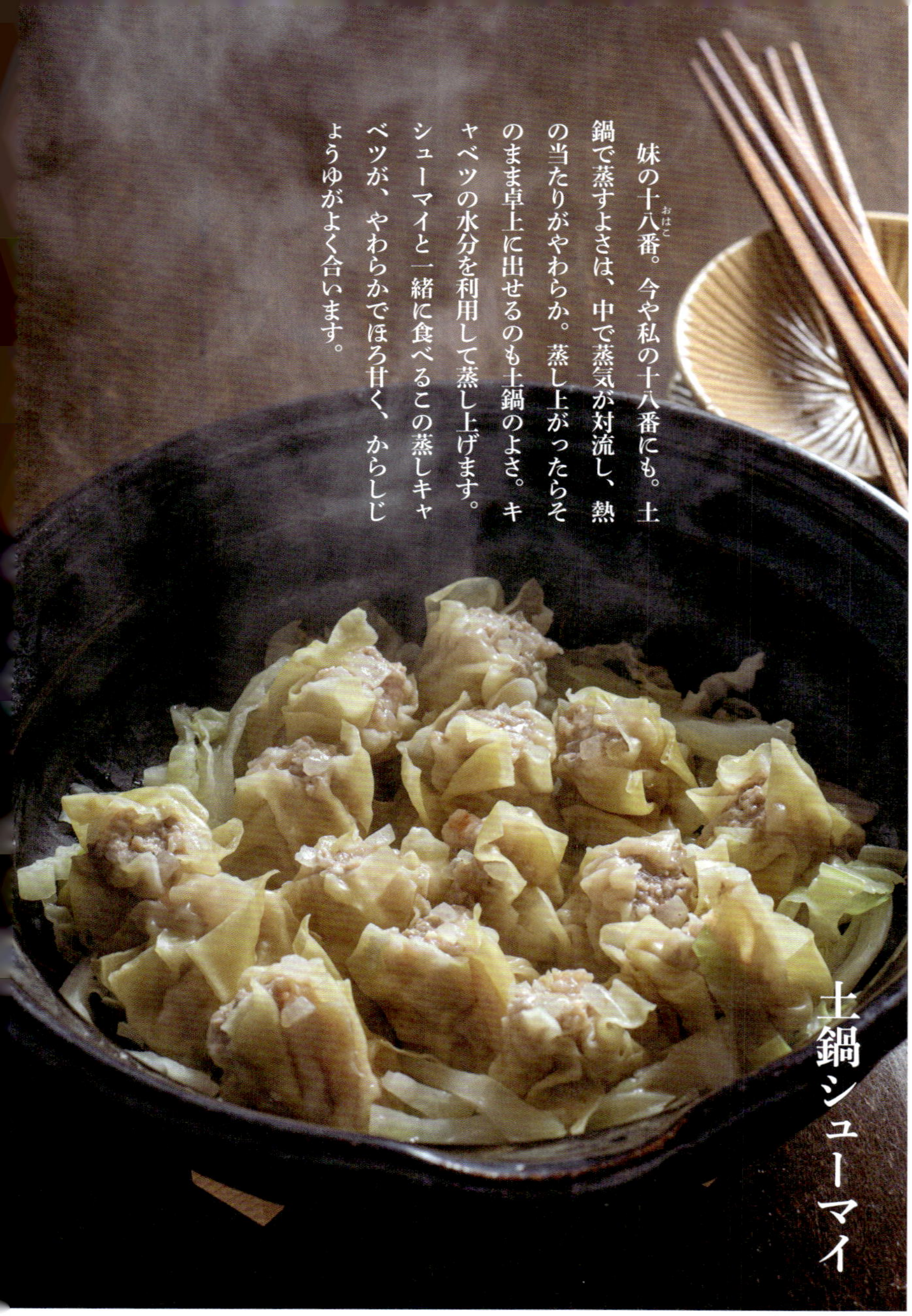

土鍋シューマイ

妹の十八番《おはこ》。今や私の十八番にも。土鍋で蒸すよさは、中で蒸気が対流し、熱の当たりがやわらか。蒸し上がったらそのまま卓上に出せるのも土鍋のよさ。キャベツの水分を利用して蒸し上げます。シューマイと一緒に食べるこの蒸しキャベツが、やわらかでほろ甘く、からしじょうゆがよく合います。

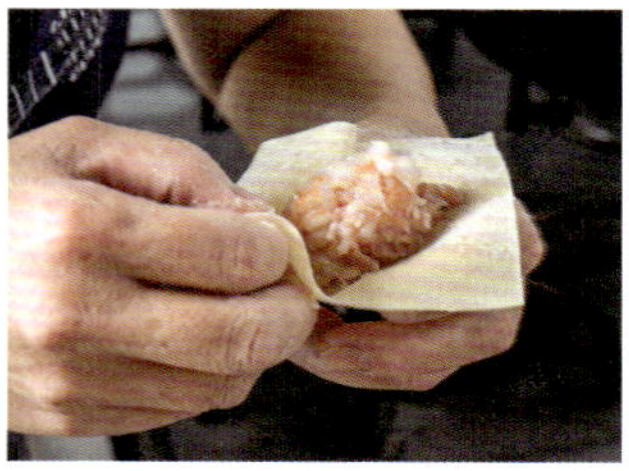

輪にした指の上に皮と具をのせ、四隅を上げる。

指全体でキュッと軽くしめるようにする。

土鍋に敷いたキャベツの上にシューマイを並べる。残ったら次の回へ。

材料 15個分

シューマイの皮……15枚

具

- 豚ひき肉……200g
- むきえび……200g
- 玉ねぎ(粗みじん切り)……½個
- しょうが(すりおろす)……1かけ
- 酒……適量
- 塩、しょうゆ……各小さじ1
- こしょう……少量
- ごま油……小さじ¼
- 水……60mℓ

キャベツ……1～2枚
からし、しょうゆ……各適量

1. 具を作る。えびはたたいて粗みじんにし、酒少量をふりかける。

2. ボウルにひき肉、1、玉ねぎ、しょうがを入れ、酒少量を加えてしっかり練り混ぜる。酒小さじ1、そのほかの調味料と分量の水を加えてさらに練り混ぜる。

3. 皮に2を大さじ1くらいずつのせ、キュッとすぼませる。

4. キャベツは粗いせん切りにして土鍋に敷き、3を並べる。ふたをし、中火にかけて15分ほど蒸す。食卓で取り分け、からしじょうゆで食べる。

ガーリックポークソテー

日光のとあるレストランの名物を自分なりに再現。スタミナ不足の日など、どちらからともなく「あれ、食べたいね！」。豚肉は、少し厚めに切った肩ロースかロース肉を使います。切り落とした脂の端を、油に加えて焼くのがコツ。ラードならではのコクがプラスされます。にんにくはこんがり焼き色がつくまで焼いて、ガーリックチップスにします。

豚肉の脂を切り取って一緒に焼く。にんにくはこんがり色づくまでよく炒め、チップスにする。

肉に焼き色がついたら返し、すりおろしたにんにくを表面に広げる。

肉のみを取り出し、合わせ調味料を加えて混ぜながら煮詰めてソースにする。

ポークソテーににんにくたっぷりの熱々のソースを回しかける。

材料　2人分

豚肩ロースかロース肉……2枚
にんにく（半分は輪切り、半分はすりおろす）……4かけ
赤唐辛子……1本
塩、こしょう……各少量
オリーブ油……大さじ1弱

ソース用

しょうゆ、酒……各小さじ2
みりん……小さじ1

キャベツ（せん切り）、きゅうり（斜め薄切り）……各適量

1. 豚肉は余分な脂を切り落とし、筋を切ってめん棒でたたいて塩、こしょうをふる。
2. にんにく2かけは輪切りにして芯を除き、赤唐辛子、オリーブ油、1の脂とともにフライパンに入れて火にかける。香りが立ち、にんにくがきつね色に色づいてきたら、にんにく（ガーリックチップス用に取っておく）、赤唐辛子、脂を引き上げ、1の豚肉を入れる。焼き色がついたら返し、すりおろしたにんにくをのせ、中までしっかり火が通るように返して両面を焼く。
3. 肉のみを引き上げ、ソース用の材料を合わせて2のフライパンに入れ、混ぜ合わせながら少し煮詰める。
4. 器にキャベツ、きゅうり、2のポークソテーを盛り、3のソースをかけて、取っておいた2のガーリックチップスをのせる。

うちの「きつね」

油揚げをふっくらうす味で炊き上げたものを、うちでは「きつね」と呼んでいます。ポイントは甘くしすぎないこと。最初に酒と水、きび砂糖、みりんで、ごく弱火で炊きます。私は火の当たりがやわらかな土鍋で炊きます。これを一晩ねかせて再び火にかけ、香りづけにしょうゆを加えて炊き上げます。冷めたら容器に入れて冷蔵庫で保存。きつねがあれば、「今日の昼はきつねうどんでもしようか」。時間をおけば美味しくなるものは多めに作って使い回す。働く主婦の鉄則です。

材料　作りやすい量

油揚げ……………………4枚
酒……………………50㎖
水……………………500㎖
きび砂糖……………大さじ2
みりん………………30㎖
しょうゆ……………小さじ3

1. 油揚げは熱湯を通して油抜きし、縦半分、横5㎜幅に切る。
2. 鍋にしょうゆ以外の材料と分量の水を入れ、1も入れて中火にかける。フツフツしてきたらごく弱火にして20分ほどコトコト煮る。冷めたら密閉容器に入れて冷蔵庫で一晩おいて休ませる。
3. 2を鍋に煮汁ごと戻して弱火にかけ、温かくなったら、しょうゆ小さじ2を加えてさらに10分ほど煮る。煮上がりにしょうゆ小さじ1を加えて火を止め、そのまま朝までおく。

しょうゆは2回に分けて入れるのがコツ。1回目は味のため、2回目は香りづけのため。

だし昆布水
だしをベースに使う時などに重宝。ボトルに1〜1.5ℓの水とだしパック1袋、そして昆布5㎝角を1〜2枚入れるだけ。昆布からのうまみがプラスされ、深い味に。

きつねうどん

京都できつねうどんと言うと、大きなお揚げが1枚どんとのっているものを指しますが、うちでは刻んで炊いたこの「きつね」で。青ねぎをたっぷり用意することが肝心。秋や冬には汁をあんかけにしておろししょうがを添えてたぬきうどんに。京都で言うところのたぬきうどんは生のお揚げですから、その変形版です。

材料と作り方　1人分

鍋にだし昆布水400㎖、白だし20㎖、しょうゆ小さじ1弱を入れて火にかける。フツフツしてきたら、冷凍うどん1玉を入れてほぐし、温めた器に盛る。斜め薄切りにした青ねぎ、きつね各適量をのせ、黒七味をふる。

衣笠丼

きつね丼は炊いたお揚げと青ねぎの丼。衣笠丼は卵でとじたもの。「卵でとじたところが京都の衣笠山のようやからこの名前なんよ」と、お世話になっている京都の俵屋の奥様に教えてもらってから、衣笠丼と呼ぶようになりました。

材料と作り方　1人分

玉ねぎ¼個を繊維に沿って薄切りにし、きつね適量とともに麺つゆ30㎖、だし昆布水（上参照）60㎖を加えて煮る。煮立ったら卵1個を溶きほぐし、回しかける。半熟くらいになったら、熱々ご飯にのせる。斜め薄切りにした青ねぎをのせ、粉山椒をふる。

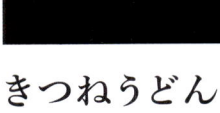

つまみは時におかずになる

日々の仕事は遅くとも6時には上がり、夏ならシャワーを浴びて、とにもかくにもビール！　この時は浅漬けやチーズなど軽いものでまず1杯。この1杯のために仕事をしていると思える幸せな瞬間です。献立は決まってるので、あとは何をどの順番で出すか、脳内シミュレーション。ベジファーストからのサイド、メインと一品ずつ出していきます。順番に出すので「冷たいものは極限まで冷たく、熱いものは熱々で！」が守れ、いつも美味しい。

和食の時はキンキンに冷えた冷酒、洋食の時はスパークリングワインやハイボール、中華ならレモン酎ハイなど、ビールのあとはその時に合わせたお酒を楽しみます。酒のみ夫婦なので夜にご飯はめったに炊かず、シメは麺にすることが多いです。

オイルサーディンのパン粉焼き

「簡単！　手早い！」のんべえの友。洋食の前菜にしても最高です。ポイントは並べたオイルサーディンに缶の油を半分くらいかけてしょうゆをかけること。

材料　2人分

オイルサーディン……………1缶（110g）
しょうゆ、こしょう…………各少量
パン粉、粉チーズ…………各大さじ1

耐熱性の皿にオイルサーディンを並べ、缶汁を半量ほどまわしかけ、しょうゆ、こしょうもかける。パン粉と粉チーズを全体にふりかけ、オーブントースターでパン粉に焼き色がつくまで5分ほど焼く。

焼き油揚げ

焼けばいいだけ、の和食の時のビールのあて。油揚げは、焼いて美味しいのと炊いて美味しいのがあるので、いろいろ試して好みを見つけ、使い分けています。

材料　2人分

油揚げ……………………………大1枚
みょうが（せん切り）…………2個
しょうが（すりおろす）………1かけ
しょうゆ…………………………適量

油揚げはオーブントースターで両面こんがり焼き色がつくまで焼く。器に盛り、みょうが、しょうがをのせてしょうゆをかける。

ちくわの磯辺揚げ

高校時代、母の作るお弁当は茶色が多めで嫌でしたが、ちくわの天ぷらが入ると嬉しかった！　たくさんいただいた韓国のりを衣に混ぜたらとてもよく合い、今では定番おつまみに。

材料　2人分

豆ちくわ……………4〜5本（1袋）
韓国のり（フレーク状に砕く）………3〜4枚
小麦粉………………………大さじ2
揚げ油………………………適量

1. ちくわは長さを半分に切り、さらに斜めに切る。
2. 1に小麦粉少量（分量外）をまぶしてポリ袋に入れる。小麦粉をふり入れ、水少量を加えて全体にまぶす。韓国のりを加えて全体にまぶし、中温の油で色よく揚げる。

材料　作りやすい分量

ゴーヤー……………………1本
にんにく（みじん切り）…………1かけ
しょうが（みじん切り）…………1かけ
赤唐辛子（種を抜いて斜め切り）………1本
豚バラ薄切り肉……………100g
卵……………………2個
ごま油……………………大さじ2
塩、こしょう………………各少量
しょうゆ……………………大さじ1

1. ゴーヤーは両端を切り落とし、縦半分に切る。ワタと種をスプーンでかき出し、5㎜幅に切る。豚肉は5㎝長さに切る。

2. フライパンにごま油、にんにく、しょうが、赤唐辛子を入れて火にかけ、香りが立ってきたら1の豚肉を加えて塩、こしょうをふり入れる。

3. 2にゴーヤーを加えて炒め合わせ、肉に火が通り、ゴーヤーに油がまわったところで、しょうゆを回しかけ、溶きほぐした卵を回し入れ、ざっと混ぜたら火からおろす。

ゴーヤーチャンプルー

夏の定番。暑さを豚肉とゴーヤーで乗り切る！　豆腐は水っぽくなるので入れません。最後に卵を入れたらすぐ火からおろすくらいがトロトロ卵のベストタイミング。

新玉明太

夫婦そろって明太子好き。シンプルのきわみですが、新玉ねぎの時季には必ず作る居酒屋風おつまみです。

材料　2人分

新玉ねぎ……½個
明太子（ほぐす）……½腹
塩……小さじ½
太白ごま油……小さじ1
しょうゆ……少量

1. 玉ねぎは繊維を断つように薄切りにし、塩をふってしばらくおき、水けをきる。

2. ボウルに1と明太子を合わせ、ごま油を加えて混ぜ、香りづけにしょうゆを混ぜる。

パリパリ揚げ麺サラダ

うちでパリパリ揚げ麺あんかけを作る時、市販の揚げ麺1袋では足らず、かといって2袋では多すぎるので、1袋半を使う。で、残った半分がこのサラダになるわけです。

材料　2人分

揚げ麺（市販）……½袋
レタス……½個
玉ねぎ……¼個
フレンチドレッシング（市販）……適量

1. レタスは水に20分ほどつけて水けをきり、冷蔵庫に入れてパリッとさせて食べやすくちぎる。

2. 玉ねぎは繊維を断つように薄切りにして水にさらし、水けをきる（新玉ねぎなら水にさらさずそのまま）。

3. 1、2を合わせて器に盛り、揚げ麺をのせてドレッシングを回しかける。

あじのなめろうと酢じめ

光りものが好き。薬味が好き。初夏のあじは安くて美味しく、大量の薬味と梅酢がよい仕事をしてくれます。なめろうに入れるみそはほんの少しのさっぱり派です。

材料　2人分

あじ（刺身用、三枚におろしたもの）……大1尾

酢じめ

酒、梅酢……各¼カップ
砂糖……小さじ1
昆布……2㎝角1枚
みょうが（せん切り）、青じそ……各少量

なめろう

香味野菜
ねぎ（小口切り）……3㎝
みょうが（粗みじん切り）……3個
青じそ（粗みじん切り）……5枚
みそ……小さじ1
しょうが（すりおろす）……½かけ
しょうゆ……適宜

1. 酢じめを作る。小鍋に酒を入れて火にかけ、アルコール分を飛ばして冷まし、梅酢、砂糖を合わせる。
2. 三枚におろしたあじの1枚は、骨を抜いて腹骨をすき取る。バットに置き、昆布をのせて1をかけてからませ、ラップを密着させるようにかぶせて冷蔵庫で1時間ほどしめる。汁けをふき、皮をはぎ取って切り目を入れ、そぎ切りにする。器に盛り、みょうが、青じそを添える。
3. なめろうを作る。あじの残りの1枚は皮をひき、腹骨をすき取る。
4. まな板に3をのせ、細切りにしてから粗く切る。上に香味野菜とみそをのせ、包丁でたたくように細かく刻みながら混ぜ合わせる。器に盛り、しょうがをのせ、しょうゆを添える。

味がいまひとつのみそを買ってしまった時、昆布1枚を入れておくといい味に。

冷しゃぶサラダ

伊賀豚の超薄切りの豚バラは甘みがあって美味しい。ポイントは絶対に水にさらさないこと。

材料　2人分

豚バラ肉（しゃぶしゃぶ用薄切り）…200g
にんにく…1かけ
酒…大さじ1
レタス…½個
玉ねぎ…¼個

タレ

万能ねぎ（小口切り）…3本
にら（ざく切り）…4～5本
しょうが（すりおろす）…小1かけ
にんにく（すりおろす）…1かけ
皮むき白いりごま…大さじ1
しょうゆ、みりん…各¼カップ
ごま油…小さじ2

しょうゆ、酢、溶きがらし…各適宜

1. レタスは水に20分ほどつけて水けをきり、冷蔵庫に入れてパリッとさせて食べやすくちぎる。
2. 玉ねぎは繊維を断つように薄切りにして水にさらし、水けをきる（新玉ねぎなら水にさらさずそのまま）。
3. タレの材料は混ぜ合わせておく。
4. 鍋に湯をわかし、にんにくと酒を入れる。半分の長さに切った豚肉を入れてさっとゆで、湯をきって冷ます。
5. 器に1と2を混ぜて盛り、4をのせる。取り分けて好みで3か、からし酢じょうゆで食べる。

きゅうりとみょうがの浅漬け

義母からたくさん届く野菜。無駄なく使いたいので、夏は毎朝作っておきます。とりあえずはこれとビールを出して。ほどよい酸味で仕事の疲れが抜けます。

材料と作り方　作りやすい分量

きゅうり3本は5㎜厚さの斜め切りにし、みょうが8本は縦三つ割りにしてジッパーつき保存袋に入れる。白だし、梅酢各大さじ2弱、昆布2㎝角1枚を入れてジッパーを閉めてもみ、冷蔵庫で半日おく。

たこ焼き

たこが安い時は必ず作ります！　この分量がタコ焼き器の24個分にぴったり。カリトロふわっとなるところも気に入っています。牛すじとこんにゃくの煮込み（44ページ）が残った時は、たこの代わりにこれを細かく切って使います。ラジオ焼きと言うそうです。

材料 24個分

ゆでだこ……150g

生地

卵……1個
水……350ml
白だし……小さじ1
長いも（すりおろす）……20g
小麦粉……1カップ
しょうゆ……少量

具

キャベツ（みじん切り）……30g
長ねぎ（みじん切り）……10g
紅しょうが……少量

天かす……1カップ
油……適量

1. たこは1.5cm角くらいに切る。
2. 生地を作る。ボウルに卵を割りほぐし、分量の水、白だし、長いもを加えて泡立て器でよく混ぜる。小麦粉をふり入れてよく混ぜ、しょうゆを加え混ぜる。
3. 別のボウルに具の材料を合わせる。
4. たこ焼き器をよく熱して油をひき、穴に1を1個ずつ入れて2を流し入れる（A）。
5. 3を全体に散らし、天かすも散らす（B）。
6. あふれた生地が固まってきたら、穴の間を箸の先で格子状に切りながら（C）、はみ出した生地を穴に寄せ入れ、さらに焼く。全体が固まりかけたら穴に沿って箸を差し込み、くるりと回し（D）、全体を丸く焼き上げる。

C

A

D

B

ソースにマヨネーズ。うちは一味唐辛子が欠かせない。

明太とろろ

明太子好きののんべえのおつまみですが、ご飯にのせてもいい。なんとこれ、妹が小学生の時に考えて作った料理なんです。

材料と作り方　2人分

長いも100gは皮をむき、せん切りにしてからたたいてみじん切りにする。明太子½腹は皮を除いてほぐし、長いもとよく混ぜ、しょうゆ小さじ¼を入れて混ぜ合わせ、器に盛って七味唐辛子をふる。

カリカリじゃこサラダ

使い勝手がよいのでついつい買ってしまうカチリのじゃこ(ちりめんじゃこ)。カリカリに香ばしく炒めてサラダのドレッシング代わりにします。ポイントはよい油を使うこと。

材料　2人分

ちりめんじゃこ	30g
レタス	½個
セロリ	1本
オリーブ油	大さじ2
皮むき白いりごま	大さじ1
塩、こしょう	各少量
しょうゆ	小さじ½

1. レタスは水に20分ほどつけて水けをきり、冷蔵庫に入れてパリッとさせて食べやすくちぎる。セロリは斜め薄切りにしてレタスと合わせて塩、こしょうし、器に盛ってしょうゆを回しかけ、いりごまを散らす。

2. フライパンにオリーブ油を温め、じゃこを入れてカリカリに炒め、熱々のうちに1にかける。

塩ねぎ豚カルビ

かずさんの好物は牛タンですが、ちょっとお高いので、よく作るのが「なんちゃって牛タン」です。厚切りの豚バラ肉をカリカリに焼くことで牛タン感が増します。焼肉屋さんのねぎダレを再現した特製ねぎ塩ダレをかけ、レモンを添えるとさらに牛タン感アップ！

材料　2人分

豚バラ肉（厚切り）……200g

ねぎ塩ダレ

- 長ねぎ……1本
- 鶏ガラスープの素……小さじ1
- ごま油……大さじ4
- 皮むき白いりごま……小さじ1
- こしょう……小さじ¼

レモン（くし形切り）……½個

油……小さじ2

1. ねぎ塩ダレを作る。長ねぎは小口切りにして水にさらし、水けを絞る。
2. ボウルに1と残りのねぎ塩ダレの材料を合わせてよく混ぜる。
3. 豚肉は食べやすい長さに切る。フライパンに油を温め、豚肉を重ならないように入れて焼く。焼き色がついたら返し、出てきた脂はペーパータオルでふき取る。
4. 温めておいた器に3を並べ、2をかけてレモンを添える。

ねぎ塩ダレは言ってみれば、ねぎのナムル。ポイントはねぎは切ったら何度も水にさらし、えぐみを取り、しっかり絞ること。

豚バラ肉は焼くごとに脂が出る。ふき取りながらカリッと焼き上げるのがコツ。

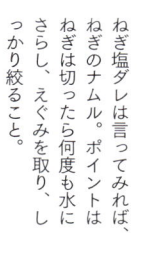

定番豚のしょうが焼き

肉を漬け込んだり、厚切りロースや少し厚めの肩ロースを使ってみたりと、いろいろ作りましたが、これが最終決定のわが家のしょうが焼き。香ばしさが出ます。昼、ご飯の上にのせて丼にすることもあります。

材料　2人分

豚バラ薄切り肉……200g

タレ

しょうが（すりおろす）……大1かけ
にんにく（すりおろす）……1かけ
しょうゆ、みりん……各大さじ3
酒……大さじ1

こしょう……少量
油……適量
卵……2個
キャベツ（せん切り）、トマト（くし形切り）……各適宜

1. 豚肉は長さを半分に切る。タレの材料を合わせる。
2. フライパンに油を温め、1の豚肉を並べて焼く。焼き色がついたら返してこしょうをふる。少しカリッとなるくらいまで焼いたら1のタレを回しかけて焼き上げる。
3. 目玉焼きを焼く。
4. 器にキャベツ、トマトを盛り、2を盛り合わせて3をのせ、2の焼き汁をかける。

しょうが焼きを作りながら横で目玉焼きを焼く。黄身が半熟ぐらいで盛り合わせるのがコツ。

常温のオリーブ油に、にんにくなど香りの材料を入れてから火にかける。

十分香りが出たら火の通りにくい材料から入れて煮る。

きのこは包丁で切らず、手で裂いて入れる。

きのことぎんなんのアヒージョ

材料　2人分

きのこ（まいたけ、たんばしめじ、あかはつたけ、ぬめりいぐちなど）……200g
ぎんなん……12個
れんこん……50g
牛すじ肉……50g
にんにく（半分に切って芯を除く）……2かけ
赤唐辛子（種を除く）……1本
ローリエ……1枚
オリーブ油……150㎖
しょうゆ……小さじ1
塩……小さじ½

1. きのこはフキンなどでふいて石づきを落とし、食べやすく裂く。
2. ぎんなんはペンチで殻に割れ目を入れ、茶封筒に入れて電子レンジに30秒かけ、殻から出す。
3. れんこんは皮をむいて1cm厚さのいちょう切りにする。
4. すじ肉はゆでて食べやすく切る。
5. 土鍋にオリーブ油、にんにく、赤唐辛子、ローリエを入れて火にかける。香りが立ってきたら、れんこん、きのこ、すじ肉、ぎんなんを順に入れて煮る。しょうゆ、塩で調味する。

良質のオリーブ油で。えびとにんにくを油で煮るスペインで人気のタパスを、身近なきのことぎんなんで。今日は妹が採ってきた山のきのこを使いましたが、どんなきのこでもOKです。きのこだけでなく相性のよさそうなものは全部入れてしまいます。

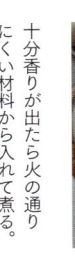

砂肝とれんこんのガリバタ炒め

歯ごたえのよいもの同士を、にんにく、バター、しょうゆといった大好きな組み合わせで香りよく炒めます。

材料　作りやすい分量

砂肝……200g
れんこん……200g
にんにく（縦半分に切ってつぶす）……1かけ
赤唐辛子（半分に切って種を除く）……1本
オリーブ油……大さじ1
酒、しょうゆ……各大さじ1
バター……20g
塩、こしょう……各少量
ドライパセリ……小さじ1

1. 砂肝は半分に切り、白い部分（銀皮）を削ぎ落とし、3本ほど切り込みを入れる。
2. れんこんは皮をむいて小さめの乱切りにする。
3. 鍋にオリーブ油、にんにく、赤唐辛子を入れて弱火にかける。香りが立ってきたらにんにく、赤唐辛子をいったん取り出し、1を入れて塩、こしょうをふって炒める。2を加え、れんこんに焼き色がつくまで炒めたら、にんにく、赤唐辛子を戻し入れ、酒を加え、しょうゆを回しかけ、バターを加えて溶かしてからめる。
4. 器に盛り、パセリを散らす。

れんこんチップス

れんこんが余ったら必ず作ります。ポテトよりカリッと揚がるところが好き。包丁で薄く切る作業も大好き！

れんこんは皮をむいて包丁でできるだけ薄く切り、酢水に入れる。水でさっと洗って水けをふく。揚げ油を中温に熱し、れんこんを入れる。色づいてきたら油の温度を上げてカリッと揚げ、油をきる。

梅酢の味仕事

梅干しの副産物が梅酢。普通の酢と違い、酸っぱいだけでなく塩けがあり、梅のエキスが入っているので、防腐効果もある優れもの。私は魚介や肉のモツなどの臭み抜き、漬物や酸味のほしい汁物によく使っています。愛用しているのが奈美さん(フードスタイリストの飯島奈美さん)の梅酢。梅干しならではの芳香だけでなく、酸味と塩味のバランスがとてもよいからです。

日野菜漬け

梅酢に漬けて一晩置くととても美しい桜色になります。たくさん薄く刻むのは大変ですが、一度作れば1週間楽しめます。日野菜漬けには、皮むき白いりごまとじゃこは欠かせません。

材料と作り方　作りやすい分量

1. 日野菜300gは葉と根を切り分け、葉は2㎝長さに切り、根は小口切りにする。ボウルに入れ、塩を軽くふって重しをして30分ほどおき、ジッパーつき保存袋に移す。
2. 1に梅酢、白だし各大さじ2をふり入れてもむ。1日おくと桜色に。食べるときに皮むき白いりごまをふり、釜上げしらすかちりめんじゃこを添える。

日野菜は下漬けしてしんなりしたら保存袋に入れて梅酢と白だしを入れてもむ。

わかさぎの天ぷら

梅酢を使うと生臭さがなくなり、わかさぎのよいところしか残りません。稚鮎や豆あじ、いわしの料理にも向いてます。

材料と作り方　2人分

1. わかさぎ100gは容器に入れて梅酢、酒各大さじ1をふりかけ、全体になじませる。
2. 1に小麦粉を軽くまぶしつけ、小麦粉50gを冷水100㎖で溶いた衣にくぐらせて中温の油でカラリと揚げて油をきり、すだちをしぼって食べる。

スワンラータン

酸味が効いたスープは二日酔いの朝にぴったり。あっという間にアルコールが飛んでいきます。火を通したレタスが好き。

材料と作り方　2人分

1. 鍋に水2カップと鶏ガラスープの素、梅酢各大さじ1を入れて熱し、沸騰したらレタス¼個をちぎりながら入れる。
2. さらに沸騰してきたら溶き卵1個を回し入れ、火を止めて器に盛り、ラー油を好みの量入れる。

鶏モツの梅酢煮

鶏モツのそうじは手間がかかるけど、その分必ず美味しくなる。小役ながらうずらの卵がよい仕事をします。

材料と作り方　作りやすい分量

1. 鶏モツ250gは切って血の塊を取り除き、きれいに洗って水けをきる。
2. 酒大さじ2、梅酢、みりん、しょうゆ各大さじ1、砂糖小さじ1、水50㎖を混ぜ合わせておく。
3. 鍋に油大さじ1を熱して1を入れて炒める。モツの色が変わったら2を加えてひと煮し、うずらのゆで卵8個を入れ、照りが出てくるまで煮詰める。

モツ全体に油がまわったところで梅酢入りの合わせ汁を注いで煮る。

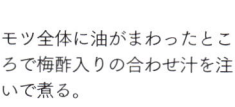

麺好きの麺々

忙しい時のお昼は、麺料理が手早く作れて助かります。夫婦ともに大の麺好きなので、種類が違えば毎日麺でもかまわない。うどん、そば、そうめん、パスタ、ラーメン、焼きそばと、麺だけで1週間も可能です。

お店で食べて感動したものはよく再現します。ラーメンはインスタントでも、お店で食べるような美味しいものがあるので重宝しています。働く主婦の味方、使わない手はありません。熱々の麺は、丼もしっかり温め、冷たいものは氷をたっぷり使って極限まで冷やすが鉄則です。

焼きそばには目玉焼きをのせる。焼きそばができるのと同時に目玉焼きが焼き上がるよう、タイミングをはかって隣で焼く。

ソース焼きそば

材料　2人分

焼きそばの麺……2玉
豚バラ薄切り肉……100g
キャベツ……200g
粉ソース(麺についているもの)……2袋
塩、こしょう、しょうゆ……各少量
卵……2個
油……小さじ3
紅しょうが……適宜

1. 豚肉は3cm長さに切る。キャベツは1cm幅に切る。
2. フライパンに油小さじ2を温めて1の豚肉を広げ入れ、塩、こしょうをふる。肉の色が変わったら返してさらに炒め、キャベツを加える。ざっと炒めて粉ソースをふりかけ、全体にソースがまわるよう炒め合わせ、汁ごとボウルに取り出す。
3. 2のフライパンに麺を並べ、2の炒め汁をかける。

焼きそばは、麺をしっかり焼く！　が一番のコツ。豚肉とキャベツを炒めて粉ソースで調味したらいったん取り出す。このフライパンで麺を焼きます。ポイントは、取り出しておいた炒め汁を麺にかけてしっかり焼きつけること。麺がのびないよう、べちゃっとならないよう、作るたびに工夫を重ね、失敗を乗り越えてたどり着いた方法です。

同じフライパンに麺を並べ、肉とキャベツの炒め汁を麺全体にかける。

豚肉とキャベツを炒め合わせたら粉ソースを全体にふりかけて炒める。

麺がほぐれたら、肉とキャベツを汁ごと戻し入れて炒め合わせる。

4. 麺をほぐしながら炒め、2で取り出しておいた肉キャベツ炒めを残りの汁ごと加えて全体を混ぜ合わせ、しょうゆを回し入れて香りづけする。

5. 焼きそばを作りながら横で目玉焼きを作る。フライパンに油小さじ1を熱して卵を割り入れ、黄身が半熟ぐらいに焼く。

6. 器に4を盛り、5をのせて紅しょうがを添える。

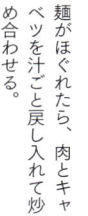

夏のシメです。広島旅行で初めて食べたのが冷たい麺と辛いつけダレ、ゆでキャベツなど野菜が盛り合わされた広島つけ麺。麺好き夫婦には忘れられない味で、さっそく作ってみました。うちのつけダレは一味唐辛子で辛みをつけます。

広島風つけ麺

材料　2人分

つけダレ

- 麺つゆ(ストレートタイプ)……50㎖
- ポン酢しょうゆ……50㎖
- ごま油……小さじ2
- 皮むき白いりごま……小さじ2
- 一味唐辛子……小さじ1
- ラー油……少々

- 冷やし中華麺……2玉
- キャベツ(ざく切り)……60g
- きゅうり……1本
- わけぎ(小口切り)……3〜4本
- 煮豚(37ページ、薄切り)……4枚
- レモン(くし形切り)……¼個
- 油……少量

1. つけダレの材料を混ぜ合わせる。
2. 鍋に湯をわかし、油を入れてキャベツをゆで、水けをきる。
3. きゅうりは長さを半分に切り、スライサーで薄く切る。
4. 中華麺を表示通りにゆでて流水でしめ、水けをよくきってザルに盛る。
5. 器に2、3、わけぎ、煮豚、レモンを盛り合わせ、4とともに1につけて食べる。

担々麺フリークです。出来合いのもので恐縮ですが、手軽にできる市販品をいろいろ試して行き着いたのが、日清の「行列のできる店のラーメン」の担々麺。濃い味の担々麺が好きなのでこのスープにはまりました。もっとお店みたいにしたいと、自家製の味ミンチと青梗菜をのせています。

担々麺

材料　2人分

日清「行列のできる店のラーメン」の担々麺……………1袋（2人分）

味ミンチ

豚ひき肉……………200g
酒……………大さじ1
みりん、しょうゆ……………各小さじ2
皮むき白いりごま……………大さじ1
ミックスナッツ（刻む）……………大さじ2
塩、こしょう……………各少量

青梗菜……………½株
もやし……………½袋
長ねぎ（小口切り）……………10㎝

1. 味ミンチを作る。フライパンを火にかけて温め、ひき肉を広げ入れる。ひき肉に塩、こしょうをふって肉の脂で炒める。酒、みりん、しょうゆを加え、いりごま、ナッツを加えて炒め合わせる。
2. 青梗菜は四つ割りにしてゆで、もやしもゆでてともに水けを絞る。
3. 器に坦々スープを袋のまま入れ、熱湯をかけて温める。麺のゆで具合を見計らって湯を捨てる。スープを袋から出し、表示通りの分量の熱湯を注ぐ。
4. 麺を表示通りにゆでて湯をきる。
5. 3に4を盛り、1、2、ねぎをのせる。

ラーメン

お店で食べるより美味しく安く！ を目標に日々研究を重ねています。ラーメンは生麺かチルドタイプが多く、スープは麺についているものを気軽に使っています。こだわるのは上にのせる具。煮豚は肩ロースとバラ肉を使い、脂身のうまみを残しながらもしつこくなく、やわらかに煮上げます。残った煮汁は冷凍しておき、次に作るときに足すとさらに味が深くなります。煮卵はトロリの黄身に仕上げるのが肝心。メンマも自家製。と言ってもきんぴら的なんちゃってメンマですが。

材料　2人分

ラーメン用生麺かチルド麺（スープつき市販品）……2人分
煮豚（薄切り）…肩ロース、バラ肉各2枚
煮卵……2個
メンマ……適量
青ねぎ（小口切り）……2本

1. 器にスープを袋のまま入れ、熱湯を注いで温める。麺のゆで具合を見計らって器の湯を捨て、スープを袋から出し、表示通りの分量の熱湯を注ぐ。

2. 麺を表示通りにゆで湯をしっかりきり、1に入れる。煮卵を半分に切り、煮豚、メンマ、青ねぎとともにのせる。

煮豚と煮卵

材料 作りやすい分量

煮豚

豚肩ロース肉、豚バラ肉(ブロック) …… 各300g
にんにく(つぶす) …… 2かけ
しょうが(薄切り) …… 20g
赤唐辛子 …… 1本
長ねぎの青い部分 …… 2本
しょうゆ、酒、みりん …… 各50mℓ
水 …… 2カップ

卵 …… 3〜4個

1. 鍋に豚肉を入れてかぶるくらいの水(分量外)を注ぎ、ゆでる。煮立ったら火を弱め、15分ほど煮て湯をきる。
2. 圧力鍋に1とその他の材料を入れ、ふたをして強火にかける。圧力がかかり蒸気が出てきたら弱火にして20分加圧し、火を止める。そのまま一晩おき、白く固まった脂を取り除き、ねぎも取り出す。
3. 鍋に湯をわかし、底をピックで突いて穴をあけた卵を静かに入れて8分ゆでる。殻をむく。
4. 2に3を入れ、ふたをせずに火にかけて15分ほど煮て、そのままおき、味をしみ込ませる。

肩ロース肉とバラ肉、それぞれ違う持ち味を両方食べたい！ 煮汁はうまみエキス、絶対捨てずに冷凍し、次回作るときに加えます。煮卵の卵をちょうどよい加減にゆでるには、時間を計るのが早道。殻をむいて煮豚に入れます。

1日おくと表面に脂が白く固まる。これを取り除く。

メンマ

「なんちゃって」ですが、あなどれない味。たけのこの季節に多めに作って冷凍しておくと、おつまみにもなります。

材料 作りやすい分量

ゆでたけのこ …… 300g
赤唐辛子(輪切り) …… 1本
ごま油 …… 大さじ1

煮汁

酒、みりん …… 各小さじ1
しょうゆ …… 小さじ½

麺つゆ(少し濃いかな、くらいにうすめる) …… 80mℓ

1. たけのこは3〜4cm長さの薄切りにする。
2. 鍋にごま油と赤唐辛子を入れて温め、1を入れて炒める。煮汁の材料を加え、煮立ったら火を弱めてある程度煮詰まるまで煮る。
3. 麺つゆに2を漬け込み、一日2、3回混ぜて一日以上おく。

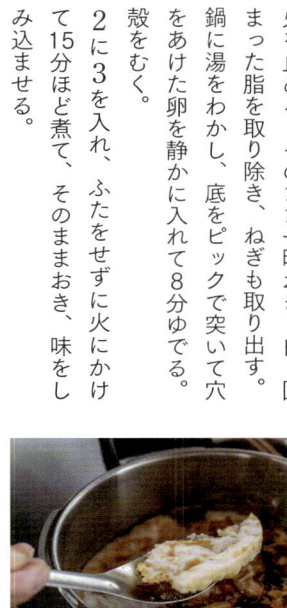

ぶっかけそば

義母から日光の美味しい生そばが届くといつも作る薬味たっぷりの冷たいそばです。欠かせないのが天かす。よく行くスーパーの天かすがカリカリ感が失われなくて美味しい。

材料　2人分

生そば……2人分
天かす……½カップ
みょうが（せん切り）……2〜3個
青じそ（せん切り）……4〜5枚
長ねぎ（小口切り）……10㎝
すだち（半分に切る）……1個
麺つゆ（市販）……適量

1. 麺つゆは好みの加減に冷水でうすめる。
2. たっぷりの湯をわかし、生そばを入れて表示通りにゆでる。
3. 2をザルにあけて冷水でよくもみ洗いし、水けをよくきる。
4. 器に3を入れて1をかけ、天かす、みょうが、青じそ、ねぎ、すだちを盛り合わせる。

うぞうめん

「う」はうなぎのこと。もちろんうな丼も好きですが、たまにこれを作ります。ぶぶ漬けあられがよい仕事。去年初めて鱧《はも》ぞうめんにも挑戦してみましたが、梅肉がさっぱりしてよく合い、そうめんの楽しみ方が広がります。

材料　2人分

そうめん……………………………2束
うなぎの蒲焼き…………………½枚
みょうが（せん切り）……………2個
青じそ（せん切り）………………2枚

つゆ

白だし………………………………40㎖
だし昆布水（17ページ）………2カップ
しょうゆ…………………………小さじ1

ぶぶ漬けあられ、粉山椒………各少量

1. つゆを作る。だし昆布水に白だし、香りづけにしょうゆを加えて混ぜ、よく冷やす。

2. うなぎは2㎝幅くらいに切る。

3. そうめんは表示通りにゆで、ザルにあけて流水でもみ洗いし、水けをきる。

4. 器に3を入れて1を注ぎ、氷を浮かべる。2、みょうが、青じそをのせ、あられを散らし、粉山椒をふる。

津のうなぎ

三重県の津市はうなぎが有名。所用で津へ行く時は、必ず特大の蒲焼きと白焼きを1枚ずつ買います。蒲焼きはお昼に丼に、白焼きはわさびじょうゆを添え、キンキンに冷やした冷酒に合わせて夜のおつまみに。ひいきのお店のうなぎはタレが甘すぎず、地焼きなのでカリッとしつつもふわっとしていて、焼き直してもとても美味しい。

切り方はまず真ん中でまっすぐ切り、そこから4等分にして8切れにします。それを交互に分けると部位も厚さも平等、しかも4切れもある！　という満足感！

夫婦ともに大好物のうなぎ。平等に切り分けることが肝心。

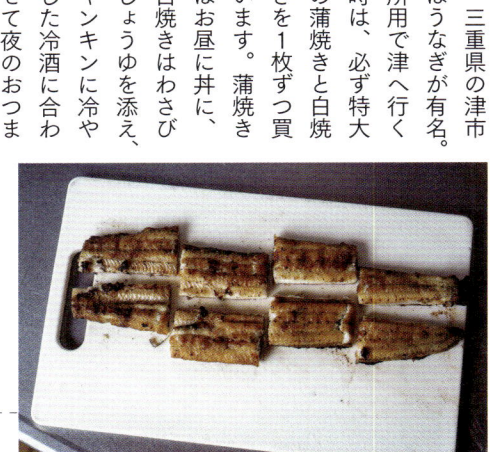

引きずりうどん

旅番組で五島列島の地獄炊きうどんを見て、あんなふうに食べたい！　と。食卓でゆでたうどんを引きずり出し、麺つゆとごまつゆの二色で食べます。温かい麺つゆに天かすとねぎを浮かべるのは宮崎県で食べた釜上げうどんの再現。

材料　2人分

うどん（乾麺）…………150〜200g
麺つゆ（市販）…………適量
天かす、青ねぎ（小口切り）…………各少量
ごまつゆ（麺つゆと白練りごまを同割で混ぜる）…………適量

1. 土鍋に湯をわかし、うどんを入れてゆでる。
2. 二つの器に麺つゆとごまつゆを入れ分け、うどんのゆで汁で味を加減する。
3. 2に天かす、ねぎ、皮むき白いりごま少量（分量外）を入れ、うどんを引きずり出して二つのつけ汁で食べる。

釜玉明太バターうどん

明太子好きの定番うどん。明太子、バター、生卵の最強トリオを、ゆで上がりの熱々うどんにのせてガーッとかき混ぜる。ゆでたうどんの熱でバターが溶け、卵も半熟、和風カルボナーラです。

材料　2人分

うどん（冷凍）……2玉
明太子（ほぐす）……½腹
バター……20g
卵……2個
青ねぎ（小口切り）……3〜4本
麺つゆ、だし昆布水（17ページ）……各40mℓ

1. うどんをゆで、湯をきる。
2. 器を温め、麺つゆとだし昆布水を合わせ、1を盛る。明太子、バターをのせて卵を割り入れ、青ねぎを入れ、全体をかき混ぜ、バターを溶かして食べる。

土鍋みそ煮込みうどん

名古屋で食べてすっかりみそ煮込みうどんが気に入ったかずさん、赤みそさえあれば家でできるなぁ。そのつぶやきから始まりました。かまぼこ、鶏肉、卵、油揚げ、天かす、ねぎ、何一つ欠かしてはなりません。

材料　2人分

うどん（冷凍）……2玉
かまぼこ（薄切り）……4枚
鶏もも肉（ぶつ切り）……50g
卵……2個
油揚げ（三角に切る）……1枚
天かす……¼カップ
青ねぎ（斜めに薄く切る）……1本
だし昆布水（17ページ）……2カップ
赤みそ……大さじ2弱

1. 土鍋にだし昆布水を入れて火にかけ、煮立ったら鶏肉を入れる。アクを除き、赤みそを溶き入れ、かまぼこ、油揚げ、うどんを入れて2分ほど煮込み、卵を割り入れる。
2. 1に天かすを入れ、卵が半熟くらいになったら火を止め、青ねぎをのせる。

カルボナーラ

大好きなカルボナーラ。でも、ゆでたての麺に卵黄クリームをからめると分離してモロモロになりがち。お店のようにクリーミーに仕上げるにはどうしたらよいか、研究しました。ポイントは、卵黄クリームとゆでたスパゲッティを手早く混ぜ合わせること。

材料　2人分

スパゲッティ……160g
ベーコン(厚切り。1cm幅に切る)……80g
卵黄……3個
生クリーム……50㎖
ピザ用チーズ……50g
粉チーズ……小さじ1
しょうゆ……小さじ1½
オリーブ油……小さじ1
塩、粒黒こしょう……各適量

1. ボウルを温め、生クリーム、チーズ2種類、卵黄を入れて泡立て器で混ぜ合わせ、しょうゆを加え混ぜ、コンロの近くなど温かいところに置く。

2. 鍋にたっぷりの湯をわかし、塩(1ℓに対して塩小さじ1)を入れてスパゲッティをゆでる。

3. フライパンにオリーブ油を温め、ベーコンを入れてカリカリに炒め、ゆで上がった2の湯をきってざっと混ぜる。

4. 1に3を入れてからめ、温めた器に盛り、こしょうをひきかける。

温めておいたボウルに生クリーム、卵黄、チーズを入れて全体がなめらかになるまでかき混ぜ、温かい所に置いておく。

カリカリに炒めたベーコンとゆで上がったスパゲッティをざっと混ぜ合わせる。

卵黄クリームとスパゲッティを手早く混ぜ合わせると、なめらかにからむ。

ルパンのミートボールパスタ

アニメ「ルパン三世」のルパンとその相棒次元大介が食べているシーンがあまりにも美味しそうで思わずイメージして作ったパスタです。トマトのさわやかな酸味が魅力。煮込みハンバーグ（82ページ）と同じタネなので、多めに作って冷凍しておくと便利です。

材料　2人分

スパゲッティ……………………160g
合いびき肉………………………200g
卵……………………………………1個
玉ねぎ（みじん切り）……………100g
A
　しょうゆ…………………………小さじ¼
　酒…………………………………小さじ½
　塩、こしょう……………………各少量
オリーブ油…………………………小さじ2
にんにく（みじん切り）……………1かけ
赤唐辛子（種を抜く）………………1本
完熟粗ごしトマト……1パック（400g）
みりん………………………………大さじ2
酒……………………………………大さじ1
固形スープの素（細かく刻む）…………1個
ローリエ……………………………1枚
パセリ（刻む）………………………少量
粉チーズ、タバスコ…………………各適宜

1. ボウルにひき肉を入れて練り、卵を割り入れ、玉ねぎ、Aを加えて練り混ぜ、16等分にして丸くまとめ、バットに並べる。
2. フライパンにオリーブ油小さじ1を温め、1を入れて全体に焼き色がつくまで焼き、バットに取り出す。
3. フライパンの脂をペーパータオルでふき取り、オリーブ油小さじ1、にんにく、赤唐辛子を入れて火にかけ、香りが立ってきたら粗ごしトマト、みりん、酒、スープの素、ローリエを加えて煮る。
4. 3に2を焼き汁ごと入れて10分ほど煮込む。いったん火を止め、味を含ませる。
5. 鍋にたっぷりの湯をわかし、塩（分量外、1ℓに対して塩小さじ1）を入れてスパゲッティをゆで、湯をきる。
6. 器に5を盛り、4をかけてパセリを散らし、好みで粉チーズ、タバスコをふって食べる。

牛すじとこんにゃくの煮込み

大好物の伊賀牛の牛すじ。ゆでこぼしてから圧力鍋で下煮して一晩おき、翌日、土鍋に移してコトコト煮込む。2日がかりで作りますがその価値あり。ポイントは固まった脂をしっかり取ってから煮込むこと。こんにゃくは義母が送ってくれる鹿沼こんにゃく。歯ごたえがよく、トロトロの牛すじと　ブリブリのこんにゃくの相性は抜群です。

材料　作りやすい分量

牛すじ肉……500g

香味野菜

しょうが（皮つきのまま2〜3つに切る）……1かけ
ねぎの青い部分……2本
にんにく……2かけ
赤唐辛子……1本

煮汁

酒、しょうゆ……各50mℓ
みりん……100mℓ
塩……小さじ1
水……500mℓ

こんにゃく（アクを抜く）……300g
ゆで卵……3個

1.

鍋にすじ肉、香味野菜を入れ、かぶるくらいの水を加えて火にかけ、煮立ったら5分ゆでてザルにあける。流水ですじ肉、香味野菜を洗う。すじ肉は余分な脂を切り落として食べやすい大きさに切る。

煮込むことで味を出す

寒くなると煮込み料理が多くなります。と言っても私の場合、２日前から仕込むので、たいていコンロの上には土鍋か圧力鍋がかかっています。多めに作って初日はメイン、次の日はおつまみにするというパターンが多いです。ポトフやクリームシチューは次の日に楽ができるとわかってるので、多めに作ることの手間なんてなんのその。リメイクほどずぼら主婦にとって幸せなことはありません。しかも美味しいので絶対おすすめ！

2. 圧力鍋に1のすじ肉、香味野菜を入れ、煮汁の材料を加えてふたをし、火にかける。圧力がかかり蒸気が出てきたら弱火で10分加圧し、火を止める。そのまま一晩おき、白く固まった脂と香味野菜を取り除く。

3. こんにゃくはスプーンでひと口大にちぎる。

4. 土鍋に2のすじ肉と煮汁、3、しょうゆ大さじ1～2（分量外）を加え、弱火で20～30分コトコト煮る。途中でゆで卵も入れて味をしみ込ませる。

すじ肉は香味野菜を入れて下ゆでする。

下ゆでしたすじ肉、香味野菜を圧力鍋で10分ほど煮る。

流水ですじ肉、香味野菜もていねいに洗う。

一晩おいて白く固まった脂と香味野菜を取り除く。

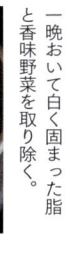

手羽先が大好き。カリッと揚げるのも好きですが、煮込みは別物の魅力あり。2日目は、手羽先と貝柱のスープを吸って春雨がさらに美味しくなります。昔はコクを出すために腐乳《フールー》や豆鼓《トウチ》を大量に使っていましたが、今はあっさり味に行き着いています。

鶏手羽先と春雨の煮込み

材料　作りやすい分量

鶏手羽先……………………10本
春雨……………………100g
にんにく（つぶす）…………2かけ
しょうが（つぶす）…………小1かけ
赤唐辛子……………………1本
八角……………………½個
干し貝柱……………………3個
ごま油……………………大さじ1
酒……………………50㎖
しょうゆ、オイスターソース…各大さじ1

1. 春雨は熱湯でもどし、食べやすく切る。
2. 干し貝柱は4カップの水でもどす。
3. 鶏手羽先に塩、こしょう各少量（分量外）をふる。
4. 土鍋にごま油とにんにく、しょうが、赤唐辛子を入れて火にかけ、香りが立ってきたら3を入れる。にんにく、しょうがを引き上げ、鶏の皮全体を焼きつけて2をもどし汁ごと加え、酒、しょうゆ、オイスターソース、八角とにんにく、しょうがも戻し入れて15分ほど煮たら、1を加えてさらに15分ほど煮る。斜め薄切りにした青ねぎ適量（分量外）をのせる。

鶏手羽はごま油でこんがり色づくまで焼きつける。

春雨を加えてスープを含ませながら煮る。

愛用の土鍋、圧力鍋、大鍋

土鍋　伊賀は土鍋の里。実家は八代続く窯元なので、土鍋は身近すぎるほど身近で当たり前の道具です。鍋料理だけでなく、肉を焼いたり、煮炊きしたり、蒸し物にも便利です。奥の戸棚にしまい込むのではなく、1年中毎日なにかしらに使っています。ふっくらと煮上げたい時は片手鍋、ちょっとした焼き物やアヒージョには黒小鍋、オーブン料理は口付黒鍋、王道土鍋料理には黒鍋を使うことが多いです。（土鍋はすべて「土楽」〈ホームページアドレスhttps://www.doraku-gama.com〉の製品）。

手前から片手鍋、黒小鍋、黒鍋尺寸、
織部釜六寸（60ページ）、口付黒鍋九寸

手前から圧力鍋、大鍋

大鍋　結婚した時に義母からいただいたもの。エンボス加工がほどこされ、お湯が早くわき、しかも絶対ふきこぼれない構造になっていて麺類をゆでる時など、とても便利な鍋です。

圧力鍋　使いたい時に母から借りていたのですが、「最新の高性能のものを買ったから、もう、それあげるわ」と母に言わせました（笑）。このタイプは古くて圧の時間もかかるのですが、それでも土鍋で最初から煮るよりは時間短縮、ガス代の節約にもなるので、大切に使っています。

きぬかつぎ

土鍋は蒸す道具としても優れもの。里いもの上1/3くらいにくるりと切れ目を入れて土鍋に並べ、水を里いもの高さの半分まで注いで火にかける。ふたをして20分、竹串を刺してスッと通れば蒸し上がり。上部の皮をツルリとむき取り、ごま塩をふって土鍋ごと食卓へ。

ポトフ

野菜をたくさん食べると決めた日に作ります。私が出張する時にも、作り置き料理の苦手なかずさんが、これは喜んでくれます。洋風のおでんと思っているので、ゆで卵は必須アイテム。

材料　作りやすい分量

にんじん（細めの乱切り）……250g
セロリ（斜め切り）……太いもの2本
玉ねぎ（くし形切り）……大1個
キャベツ（芯を除いてざく切り）……300g
ウインナーソーセージ……120g
ベーコン（厚切り。2cm幅に切る）……150g
しょうが（半分に切ってつぶす）……小1かけ
にんにく（つぶす）……1かけ
赤唐辛子（種を抜く）……1本
オリーブ油……大さじ1

スープ用

鶏手羽先の先っぽ……5本
セロリの葉の部分……2本
にんじん（切り落とした頭）……1枚
ローリエ……2枚
酒……½カップ
水……2ℓ
固形スープの素……3個
塩、こしょう……各少量
ゆで卵……3個

1. スープを作る。土鍋にすべての材料を入れて火にかけ、20分ほど煮出してこす。
2. フライパンにオリーブ油、しょうが、にんにく、赤唐辛子を入れて火にかけ、香りが立ってきたらベーコンを入れ、弱火で脂を出すように炒める。
3. 2ににんじん、セロリ、玉ねぎ、ウインナーを入れて炒め合わせて取り出す。
4. 3のフライパンにキャベツを入れてさっと炒める。
5. 土鍋に1のスープを入れて火にかけ、固形スープの素を割り入れる。3とゆで卵を入れ、4を加えて煮込む。塩、こしょうで調味し、キャベツがトロトロになったらでき上がり。

セロリの葉やにんじんのへた、手羽先の先を入れて水で煮出すとよいスープに。

炒めたベーコンの脂で野菜を軽く炒めてコクを出す。

スープを土鍋に煮立て、軽く炒めた野菜、ウインナーを入れて煮込む。

翌日はスープカレー

ポトフのスープは野菜、ベーコンなどのうまみが溶け出た極上の味。残ったら余すところなく使い切るために考えました。リメイクはいかにして美味しいものを食べるかという道に通ずる！　加えるのは鶏肉だけ。

材料　2人分

ポトフのスープ……4カップ
じゃがいも（四つ切り）……大1個
ポトフの具（にんじん、セロリ、ゆで卵）……各適宜
鶏手羽元……4本
　酒……小さじ1
　カレー粉……小さじ1
　塩、こしょう……各少量

1. 鶏手羽元に酒をふり、塩、こしょうをふってカレー粉をまぶす。
2. 圧力鍋にポトフのスープ、じゃがいも、1を入れてふたをし、火にかける。圧力がかかり蒸気が出てきたら弱火で10分加圧し、火を止める。
3. 圧がなくなったらふたを開け、ポトフの具を加えてひと煮する。

鶏手羽先にカレー粉をまぶす。これが軽いとろみになる。

クリームシチュー

寒い日のクリームシチューは格別です。めんどうに感じていたホワイトソースも、土鍋で作ると慣れれば簡単で楽です。実家ではあまり出ず、給食以外では食べなかったシチューですが、かずさんの好物なので作るようになりました。

バターで小麦粉をなめらかに炒めた後、人肌に温めた牛乳を一気に加え混ぜる。

ダマがなくなるまで木べらで底から混ぜる。

煮ておいた野菜などを加えて味がなじむまで煮込む。

材料　作りやすい分量

ホワイトソース

バター、小麦粉……………各大さじ2
牛乳…………………………2カップ
塩……………………………小さじ⅓
しょうゆ……………………小さじ1

にんじん（細めの乱切り）…………1本
じゃがいも（六つ切り）……………1個
玉ねぎ（くし形切り）………………大1個
鶏もも肉（ひと口大に切る）………150g
ベーコン（厚切り。2cm幅に切る）……80g
バター………………………………5g
固形スープの素……………………1個
塩、こしょう………………………各少量
水……………………………………500mℓ

1. 鍋を火にかけてバターを溶かし、ベーコンを炒める。にんじん、じゃがいも、玉ねぎ、鶏肉を入れて炒め合わせ、分量の水と固形スープの素、塩、こしょうを入れ、野菜がやわらかくなるまで煮る。

2. ホワイトソースを作る。土鍋を火にかけてバターを溶かし、弱火にして小麦粉をふり入れ、木べらで炒める。なめらかになったら少し温めた牛乳を一気に入れ、ダマがなくなるまで木べらで混ぜる。フツフツしてきたら火を弱めて少し煮詰め、塩で調味し、香りづけにしょうゆを加えて混ぜる。

3. 2に1を入れ、15分ほど煮込む。

せっかくホワイトソースでシチューを作ったので、香ばしく焼き上げたグラタンを。グラタンは母がよく作ってくれた子ども時代の思い出の味でもあります。

楽しみなのがマカロニグラタン

材料　2人分

残ったクリームシチュー……………1カップ
マカロニ……………………………100g
片栗粉………………………………小さじ1
牛乳…………………………………小さじ2
かたゆで卵（スライスする）………2個
溶けるチーズ………………………50〜60g
パン粉………………………………適量

1. マカロニを表示通りにゆでて湯を切り、オリーブ油少量（分量外）をふり混ぜる。
2. 片栗粉に牛乳を加えてなめらかに溶かす。
3. 土鍋にクリームシチューを入れて火にかけ、2を加えてとろみをつけて火を止める。1を加えて混ぜ、ゆで卵を並べる。全面にチーズを散らしてパン粉をふり入れ、180℃のオーブンで約10分、おいしそうな焼き色がつくまで焼く。

伊賀の四季、移り変わり

伊賀は、四方を山に囲まれた自然豊かな里山です。山笑う春。青嵐と蛍の夏。涼風香る黄金の稲穂の秋。星月夜の冬。季節の移ろいもその時々の雲の流れや風の香り、山木立の様子で感じられ、その思いは歳を重ねるごとに強くなってきているようです。たとえもの思いをしていても、四季折々の風景に心を慰められて落ち着いた穏やかな心持ちになれる、そのような恵まれた環境で好きな仕事ができることに、あらためて感謝する日々です。

秋になると庭木も紅葉が始まり、すすき越しに稲を刈り取った田んぼが見える。
やまのいもの枯葉につく実が黒くなり、晩秋へ向かう季節を感じる。

空に流れる雲の色が一刻一刻と変わり、冬の訪れを感じる。くぬぎの木もすっかり葉を落とし、シンシンと寒さがつのる。

日増しに暖かくなってくると山の若葉も芽吹いてくる。畔に続く道にタンポポや、林のみつばつつじの花が満開。裏庭にもわらびが出ている。

青空に白い雲、絵に描いたような伊賀の夏。日中の気温はかなり高いが、夕方になると風が吹き、涼しいのでうちにはエアコンがない。

松茸のすき焼き

秋の一番のごちそうです。松茸採り名人の妹が以前は分けてくれましたが、最近はあまり採れないので、もらえなくなっちゃった。国産ものはあまりに高くて手が出ません。外国産のものをよくよく吟味して美味しそうなのを買っています。その代わり牛肉は伊賀牛！　砂糖は一切使わず、酒、塩、しょうゆのみ、の作り方は実家ゆずり。ゆずは必須です。

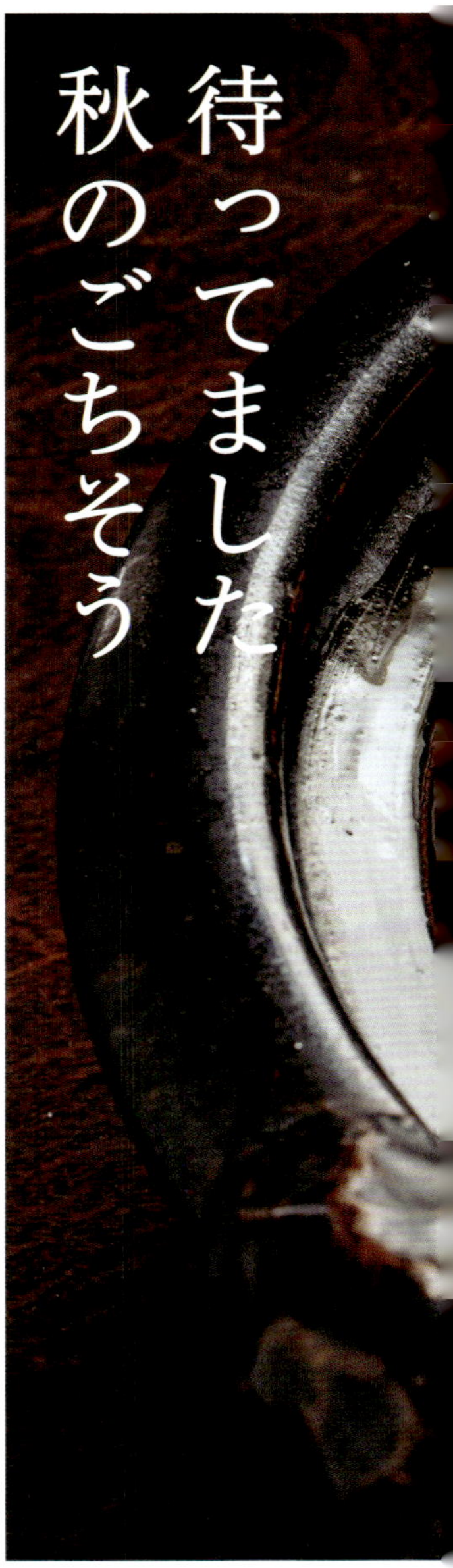

待ってました秋のごちそう

暑い夏の盛りを過ぎ、朝夕に涼しげな風が吹くようになると恵みの秋はすぐそこです。新米をはじめ美味しいものであふれる伊賀の秋は1年で一番いい季節かも知れません。

材料　2人分

- 松茸……2本
- 牛肉(すき焼き用)……300g
- 牛脂……適量
- 塩……適量
- 酒、しょうゆ……各適量
- ゆず……小2個

1. 松茸は根元の汚れを削り、かさと軸を分け、それぞれ食べやすく裂く。牛肉も食べやすく切る。

2. 土鍋を弱めの中火にかけ、温かくなってきたら牛脂を入れ、土鍋全体に塗って牛肉を入れる。

3. 牛肉の色が少し変わってきたら塩をふり、肉の横に松茸を入れて焼く。

4. 一回ごとに酒大さじ2を回し入れてアルコール分を飛ばし、ふたをして1分ほど蒸し焼きにする。しょうゆ小さじ2を回し入れ、全体を焼きつける。

5. 器に取り分け、ゆずをギュッとしぼって食べる。

この時季、一度は炊くご飯物。香り松茸、味しめじ、と言いますが、間違いなくこの香りだけでお酒が楽しめます。最後に強火にして10秒炊いて火を止め、蒸らすとおこげが楽しめます。

材料　作りやすい分量

松茸……2本
米……2カップ

だし用

鶏胸肉……50g
酒、しょうゆ……各小さじ1

A

水……350㎖
白だし……20㎖
酒……30㎖

ゆず……適宜

1. 米はといで水けをきる。だし用の鶏肉は小さく刻み、酒、しょうゆをまぶして味をしみ込ませる。

松茸ご飯

2. 松茸は根元の汚れを削り、かさと軸を分けて薄切りにする。

3. 羽釜に1の米と汁けをきった鶏肉を入れる。Aを加えてひと混ぜし、30分ほどおく。ふたをして中火にかけ、ふいてきたら2を広げ入れ、ふたをして弱火で13分ほど炊く(炊飯器の場合は、湯気が立ってきたら松茸を入れる)。

4. 10秒強火にして火を止め、5分ほど蒸らす。器に盛り、ゆずをしぼって食べる。

ふいてきたらふたをあけ、松茸を入れる。

蒸らしたあと、底から木べらで混ぜる。

人形たけのペペロンチーニ

別名しらかわ、しぶりたけ。伊賀の人は松茸以外は雑茸《ぞうたけ》と言ってあまり食べませんが、香り高く歯ごたえもよい美味しいきのこで、湯豆腐や水炊きに入れてもいい。

材料と作り方　2人分

フライパンにオリーブ油大さじ1、つぶしたにんにく2かけ、赤唐辛子1本を入れて火にかけ、香りが立ってきたら細切りにしたベーコン70gを入れて脂出しし、食べやすく切った人形たけ60gを加えて炒め合わせる。表示通りゆでて湯をきったスパゲッティ160gを入れてざっと混ぜ、塩少量をふり、香りづけにしょうゆ少量を混ぜる。

玄関先に置かれた贈り物

秋の朝、玄関を開けると椅子の上にカゴが置いてあります。中をのぞくと、ほうきたけ、人形たけ、本しめじなど、カラフルなきのこ、きのこ、きのこ。ああこれは、朝一番で山に入ったきのこ採り名人の妹のおすそ分けなんだと気づきます。

昔々、伊賀では松茸がたくさん採れたそうで、父は「秋になると毎日弁当に入っているのでイヤになった」とか「あまりにいっぱい生えていたから蹴散らしながら学校に通った」とかいった武勇伝を語っておりますが、今は本当に採れなくなっちゃった。必然的にうちに届くこともありません(笑)。

そんな中でも妹は、毎年必ず1本は採ります。調子のいい時は、山に入るたび、採ってくる。彼女いわく、松茸や本しめじが「ここ！ ここ！」って手を振って呼んでるのが見え、声が聞こえるそうです。

秋はきのこですが、春には、わらびやつくしが椅子の上にこんもりと置いてあります。生えている食べ物は、採らずにおれない性分の妹です。贈り物、いつもありがとう！

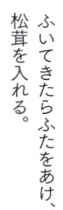

新米ご飯

新米の季節は、炊きたてのご飯が何よりもごちそう。うちのお米は日光のコシヒカリと、知り合いからいただくあきたこまち。どちらもとても美味しいので幸せです。新米を最初に食べる時はとにかくご飯が主役。かき玉みそ汁と少しのご飯のともがあれば、それでよし！

新米ご飯とかき玉みそ汁

材料　作りやすい分量

新米……………………2カップ
水………………………2カップ

かき玉みそ汁（2人分）

だし昆布水（17ページ）……2½カップ
削り節……………………ひとつかみ
秋みょうが（縦に薄切り）……2個分
油揚げ（細切り）……………½枚分
卵……………………………1個
青ねぎ（小口切り）…………少量
みそ……………………大さじ1½
ご飯のとも三種……………適量

1. 米をとぎ、水をきって羽釜に入れ、分量の水を加えて30分ほどおく。ふたをして中火にかけ、ふいてきたら弱火にして13分ほど炊き、火を止めて5分ほど蒸らす（炊き上がる少し前に10秒強火にして火を止めるとおこげができる）。

2. かき玉汁を作る。鍋にだし昆布水を入れて火にかけ、煮立ったら弱火にして削り節を入れる。2分ほど弱火で煮出し、鍋にだしをこし取る。

3. 2に秋みょうが、油揚げを入れて少し煮る。みそを溶き入れ、煮立つ直前に溶き卵を回し入れて菜箸でひと混ぜする。再び煮立ってきたら火を止め、椀に盛り、青ねぎを散らす。

ご飯のとも三種

日野菜漬け（30ページ）に皮むき白いりごまをふったもの（手前）、しその実の塩漬け（63ページ）を塩抜きし、釜上げしらすとあえたもの（左奥）、梅肉をたたき、削り節を混ぜた梅かつお（右奥）。

わが愛する羽釜、織部釜のこと

私が昔、実家で働いていた頃、ご飯を炊くのに特化した土鍋「ごはん鍋」をデザイン開発したことがありました(今も造り続けられ、売っています)。これはふたを重くして圧力をかけ、ご飯がもっちり炊き上がるよう工夫したものです。しかもふきこぼれにくい構造にデザインした、自分で言うのもなんですが、なかなかのすぐれものです。

ですが、私はやはりご飯を炊くにはこの羽釜、「織部釜」が好きなんです。木ぶたをのせた羽釜の愛らしいフォルム。そして木ぶたのよい香り。炊き上がって木ぶたを開けると、織部の緑色に真っ白のご飯がよく映えてみるからに美しい。40年以上も愛され、造り続けられているのが、よくわかります。

難点は木ぶたが軽いこと。なので私はいつも上に鋳物のフライパンをのせて炊きます。こうすることで圧がかかり、ご飯の炊き上がりにもっちり感が出ます。もう一つの難点は、ふきこぼれてコンロが汚れること。しかし、ふきこぼれたらコンロをふけばよいのです。ふきこぼれることで、ご飯は美味しく炊けるのです。

松茸ご飯を炊いたあとなど、しばらくはお釜にも木ぶたにも松茸の香りがしみていて、ふたを開けるたびに嬉しくなります。もちろん味はしませんが(笑)。

羽釜(「織部釜」)でご飯を炊くには

1. 米をとぎ、ザルにあげて水をきる。羽釜に入れ、分量の水(炊き込みご飯では液体すべて)を注いで30分ほど浸水させる。
2. 羽釜を弱めの中火に5分ほどかけて温め、強火(羽釜の底の釉薬がかかっていない部分全体をなめるくらいの火加減)にする。沸騰したら弱火にして約13分炊く。
3. 火を止め、そのまま5分ほど蒸らす(おこげを作りたい時は強火で10秒炊いてから火を止め、蒸らす)。

おにぎり三種

炊きたてのご飯のもう一つの楽しみは、おにぎりです。うちの定番は炒り卵。かなり多めのしょうゆを入れて風味をつけるのがポイントです。そして鮭フレーク。ご飯のともやお酒のあてにもぴったりなので多めに作っておきます。もう一つは前日作った混ぜご飯をおにぎりにしました。

鮭フレークはおつまみにもなるのでいつも多めに作る。

しょうゆ多めの炒り卵、うちのおにぎりに欠かせない。

材料

炊きたてご飯（59ページ）……飯茶碗軽く3杯
卵……1個
しょうゆ……小さじ1
油……小さじ1

鮭フレーク（作りやすい分量）
塩鮭（切り身）……2切れ
花山椒（63ページ）……大さじ2
皮むき白いりごま……大さじ2
酒……小さじ1
太白ごま油……小さじ½

混ぜご飯（63ページ）
焼きのり……適量
塩……少量

1. 炒り卵を作る。卵を割りほぐし、しょうゆを入れて混ぜる。

2. フライパンを熱し、油を入れて1を流し、大きく混ぜて炒り卵にする。

3. 鮭フレークを作る。塩鮭は焼いて骨を除き、ほぐす。皮は小さく刻む。フライパンにごま油を温め、鮭の身と皮を入れ、酒、いりごまを順に入れて軽く炒める。花山椒を刻んで混ぜる。

4. ご飯の¼量に2の半量を入れて具とし、手に軽く塩をつけて三角ににぎる。

5. 同様にご飯に大さじ1の3を入れて具とし、にぎる。

6. 混ぜご飯も同様ににぎる。

7. 4、5、6、を器に盛り、のりを添える。

混ぜご飯

材料

米……………………2カップ
塩鮭……………………1切れ
しその実の塩漬け（塩抜きする）…大さじ2
皮むき白いりごま…………大さじ2

1. 米2カップを炊く（59ページ）。
2. 塩鮭は焼いて骨を除き、皮は小さく刻む。
3. 炊き上がったご飯に2、しその実、いりごまを入れて混ぜる。

上／冷凍して送られてくる花山椒
下／しその実の塩漬け

義母から送られる花山椒としその実の塩漬け

義母から毎年日光の幸が送られてきます。花山椒としその実の塩漬けもそのひとつ。春、山のように摘んできれいに掃除してから、さっと湯がいてアク抜きし冷凍した花山椒。しその実は、秋口に新聞紙を広げて山のような穂じそからていねいに実をしごき取り、アク抜きのために塩漬けし、冷凍して送ってくれます。

かずさんは薬味好き。冷凍した花山椒はいつでもすぐに使えるのが嬉しいところ。しその実は塩漬けなので長持ちします。使う分を水に入れて塩抜きし、天ぷらや混ぜご飯、年末の実家の餅つきに使うなど大活躍です。

義母の畑で採れる四季折々の野菜は、どれもこれもがありがたく嬉しいものばかり。それは私たち夫婦だけでなく、父母や妹も喜んでくれるので、義母のおかげでずいぶん得をしています（笑）。そんなふうに義母は私たちをいつも気にかけてくれる本当にありがたい存在です。かずさんと結婚してよかったことのひとつは、義母と出会えたこと。穏やかで優しくて芯が強く、尊敬しています。

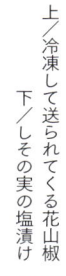

天むす

昔々30年以上前に、天むすのえびは天ぷら衣に固形スープの素を入れるのがコツと母の友人が話していたのをずっと覚えていたのです。母は聞いただけで作ったことはないはず（笑）。私はきれいなむきえびを見つけたら作っています。

材料　10個分

炊きたてご飯（59ページ）……飯茶碗軽く4杯
むきえび……10尾
梅酢、酒……各少量

衣

小麦粉……½カップ
固形スープの素（細かく刻む）……1個
冷水……50㎖

揚げ油……適量
焼きのり……2枚

1. えびに梅酢と酒をまぶす。
2. 衣を作る。ボウルに小麦粉、固形スープの素を入れ、冷水を加えて溶き混ぜる。
3. 2の衣に1をつけ、中温に熱した揚げ油でカラリと揚げ、油をきる。
4. ご飯を¼カップほど手のひらにのせてくぼみをつけ、3を尾が上になるようにのせて三角ににぎる。焼きのりを5等分の帯状に切って巻く。

1個分のご飯の量はこれくらい。軽くにぎって真ん中にくぼみをつけ、えびの天ぷらの尾を上にしてのせ、三角ににぎる。

しら玉丼

帰省途中に寄った由比のサービスエリアで食べたしらす丼があまりに美味しくて、帰ってからさっそくアレンジ再現。とてもシンプルですが、取り合わせが絶妙です。ごま油を少したらすと卵の生臭さが消えます。

材料　2人分

ご飯……………………………飯茶碗2杯
釜上げしらす…………………大さじ2
青じそ…………………………2枚
新鮮な卵の黄身………………2個
唐辛子のしそ巻き(日光名物市販品)…1本
ごま油…………………………少量
しょうゆ………………………適宜

ご飯を飯茶碗に盛り、全面にしらすをのせる。真ん中に青じそを敷いて卵の黄身をのせてごま油をたらし、小口切りにした唐辛子のしそ巻きを添える。好みでしょうゆをたらし、黄身をくずしながら食べる。

※残った卵の白身でワンタンスープを作る。鍋にだし昆布水(17ページ)、鶏ガラスープの素小さじ½を入れて火にかけ、こしょう、しょうゆ各少量で調味し、シューマイの皮2~3枚を入れる。煮立ってきたら卵の白身を溶いて回し入れ、菜箸でひと混ぜする。椀に盛り、小口切りにした青ねぎを散らす。

土鍋焼きビビンパ

ナムルさえ作れば簡単です。焼肉のあとのシメに。もともとは、もどしすぎた干しぜんまいを使おうとビビンパを作っていたのです。この土鍋で焼く方法は妹の傑作。すぐマネしました。

材料　2人分

- ご飯……200g
- にんじん(5㎝長さの細めの拍子木切り)……¼本
- もやし……50g
- ほうれん草……2株
- ぜんまい(水煮。食べやすく切る)……20g
- 皮むき白いりごま……適量
- 白菜キムチ……50g
- 卵……2個
- 韓国のり……適量
- しょうゆ、ごま油……各適量

1. ナムルを作る。鍋に湯をわかし、ごま油小さじ1を入れる。煮立ったらにんじん、少しおいてもやしを入れてゆで、引き上げて湯をきる。塩少量(分量外)、ごま油小さじ½であえる。
2. 同じ鍋でほうれん草、ぜんまいを順にゆでる。ほうれん草は水に取り、水けを絞って食べやすく切る。それぞれしょうゆ小さじ1、ごま油小さじ½であえる。

3. ご飯は電子レンジに入れて2分ほど温める。

4. 土鍋にごま油小さじ1をひき、3を入れて火にかけ、焼きつける。一度返して裏面も焼きつける。

5. 4に1、2のナムルとキムチを盛り合わせ、いりごまを散らし、卵を割り入れ、韓国のりをもみ入れて底から全体を混ぜ合わせる。

梅じゃこ納豆チャーハン

うちではご飯を炊く時におこげを作り（59、61ページ）、大切に冷凍し、たまったらチャーハンを作ります。このチャーハン、炒めた納豆が香ばしく、梅干しの酸味がほどよく効いて隠れたる名品ご飯物、と私は思っているのですが、かずさんは火を通した納豆が苦手。なのでかずさんのいない日に一人密かに楽しんでいます。

材料　2人分

冷やおこげご飯……250g
納豆（小粒）……90g
梅干し（種を除き、刻む）……3個
カチリのじゃこ（ちりめんじゃこ）……30g
卵……2個
しその実の塩漬け（63ページ。塩抜きする）……大さじ2弱
塩……少量
しょうゆ……少量
ごま油……大さじ2
青ねぎ（小口切り）……少量

1. フライパンにごま油大さじ1を温め、卵を溶きほぐして炒め、ふわふわになったら取り出す。

2. 1のフライパンにごま油大さじ1を足して温め、おこげご飯を炒める。じゃこを入れて香ばしく炒め合わせ、塩で調味する。納豆を加えて炒め合わせ、梅干しも入れる。納豆の粘りが取れるまで炒めたら1を加え、しょうゆを回しかけ、しその実を散らして混ぜ、器に盛り、青ねぎをのせる。

作陶と器のこと

飯碗《めしわん》の高台を特製の道具で削り出していく。挽くのも削るのもロクロ仕事。

基本は毎日仕事です。その中でもロクロは一番好きな仕事。ロクロを回している時が一番楽しいんです。なので、やさしい語りのＤＪさんのラジオを聞きながら、穏やかなゆったりとした気持ちでロクロを回す。これが私の一番大切にしていることです。そのためにはイライラしない、怒らない、よい気分でいること。

私が主に使っている土は磁器土。磁器とは石の粉でできた粘土のこと。石だから硬いんです。この土できちっとかちっとロクロを挽いて、でもやさしさ、やわらかさを感じられるものを造りたい、それが私の願いであり思いです。

その上で料理を楽しく美味しく食べたいから、器も料理のじゃまをせず引き立てるようなものを造りたい。父の教え「器は前に出ず、後ろに下がらず、使えば主・客・器共に喜ぶ」をずっと守り続けたいと願っています。

道具箱。上段はコテ、造るものの形や大きさによって使い分ける。中断は柄ゴテ、徳利などの袋物を造る時に使う。下段はへら木、削りに使う道具。みな自作の道具ばかり。

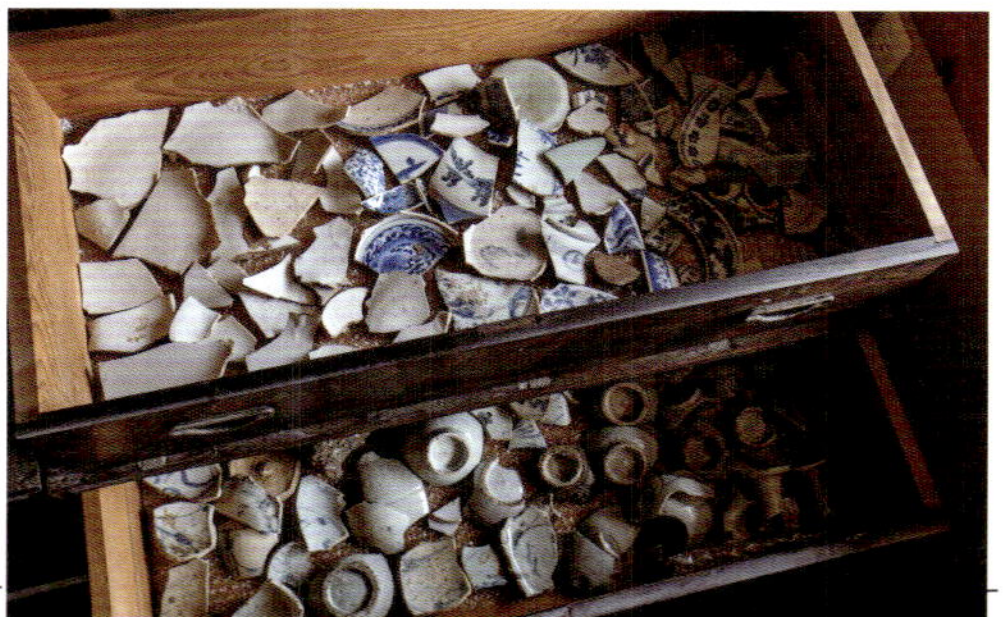

若い頃から骨董市などで蒐集した陶片。破片なので安価だった。高台や口などのつくりが勉強になる。

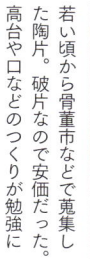

1焼〆七寸皿　2椿釉面取片口　3りんご釉ポトフ盌　4椿釉木瓜形向付　5白磁十草赤耳ちょこ　6麦わら湯呑　7麦わら飯盌

1細独楽絵小丼　2白磁十輪花鉢　3りんご釉花皿入子セット（二寸、三寸、四寸、五寸、六寸）　4りんご釉湯呑　5椿釉輪花扁平向付　6りんご釉しのぎちょこ　7りんご釉平皿シリーズ（平豆皿、三寸、四寸、六寸）

1中十本豆皿　2輪違豆皿　3古伊万里豆皿　4太細独楽絵豆皿　5鞠豆皿　6渦巻豆皿　7片身替豆皿　8糸巻豆皿　9四分割豆皿　10細独楽絵豆皿　11角紋豆皿　12市松豆皿　13太独楽絵豆皿　14細渦豆皿　15白磁瓢形豆皿

1独楽絵五寸皿　2藍染付縞平皿　3白磁輪線文飯盌小　4白磁輪線文飯盌大　5白磁丸文七寸皿　6赤独楽絵そばちょこ　7呉須独楽絵そばちょこ　8渦巻豆皿　9ワラ灰りんご釉八輪花鉢

大晦日とお正月

実家の杵つき餅は白餅のほか、よもぎ、ゆず山椒、焼きからすみ、栗など多彩。

元日の食卓には、日本酒に合うおつまみが、所狭しと並ぶ。からすみ、香箱がにの甲羅詰め、香箱がにの内子と外子、数の子、明太だし巻き卵、いかにんじん、長いものイクラのせ、かまぼこ、日野菜漬けなど。

毎年12月30日は実家でお餅つき。朝早くから準備します。まずはお鏡。実家の鏡餅は大きさの違う土鍋にラップを張り、つきたてのお餅をある程度丸めて押し込みます。乾いてからひっくり返せば、きれいなお鏡の出来上がり。それから窯場や各家用に小さめのお鏡を何組かこしらえます。丸餅を含め、全部でおよそ15臼くらいつきます。

杵でつくのは交代ですが、手返しは祖母の担当でした。祖母が引退する少し前に、みっちり仕込んでもらってからは私の担当になりました。

つきたてをきな粉やあんこ、大根おろしじょうゆやオリーブ油と塩で楽しみます。栗、ごま、よもぎ、しその実、落花生、ゆず山椒、大徳寺納豆、焼きからすみなどなど毎年種類が増えてゆくのも楽しみの一つです。

なので、大晦日は筋肉痛。大掃除は軽めにしてお正月の宴の準備に取りかかります。いつもより夜更かしをした大晦日。元日は、朝早くから起きて宴の準備です。夫婦ともに甘いものが苦手なので、おせちは作りません。日本酒に合うおつまみをこれでもかと食卓に並べていきます。

大晦日は鴨すき、鴨南蛮がシメ

大晦日は鴨すきから始めて鴨南蛮でシメる、と決めてから5年はたちます。それまでは実家と同じくすき焼きでした。肉も焼ける黒鍋が大活躍です。

材料　2～3人分

合鴨ロース肉……………………450g
青ねぎ(斜め薄切り)……………10本
合鴨の脂…………………………適量
塩…………………………………少量
酒、しょうゆ………………各適量
ゆでそば…………………2～3玉
麺つゆ……………………………適量
粉山椒……………………………少量

1. 土鍋を弱めの中火にかけ、温かくなったら合鴨の脂を全体に塗る。

2. 脂を取り出し、重ならない量の鴨肉を入れて塩をふり、焼きつける。

3. 鴨肉を返して焼き、酒大さじ1を鍋肌から回し入れ、アルコール分を飛ばす。しょうゆ大さじ1を回し入れる。

4. 鴨肉に青ねぎをかぶせるようにのせ、ふたをして煮る。

5. ねぎがやわらかくなったら取り分ける。好みで粉山椒をふる。

シメの鴨南蛮が うちの年越しそば

❶鴨すきの鍋をきれいにして火にかけ、麺つゆをかけづゆくらいの味に水でうすめて注ぐ。

❷鴨肉、青ねぎを入れ、鴨肉に火が通るまで煮る。

❸そばを入れて泳がせ、器に取って鴨肉、青ねぎも取り、粉山椒をふる。

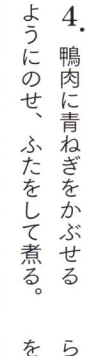

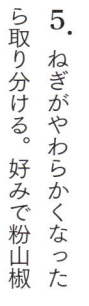

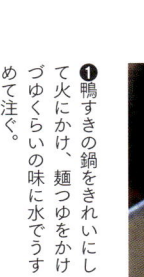

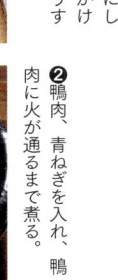

元日はまずお雑煮

早起きで始まる元日。昼から二人でゆっくり食べて飲みたいから、台所に立ちます。かずさんは朝は食べないので、私だけ実家ゆずりの豆腐を入れたお雑煮を作ります。ふだんはだしパックや白だしを多用していますが、元日のお雑煮はきちんと昆布とかつお節でだしを引きます。一年の最初にこれを食べるとやはりホッとします。お雑煮のお餅は実家の杵つき餅。いろいろな種類がありますが、昔からよもぎ餅が一番好きで、次点が粟です。

材料　1人分

丸餅……1〜2個

だし(作りやすい分量)

昆布……5㎝角2枚

削り節……30g

水……1.5ℓ

絹ごし豆腐(小角に切る)……¼丁

せり、小大根、ゆずの皮……各少量

塩……各適量

1. だしを引く。鍋に昆布と分量の水を入れて弱めの中火にかけ、ゆっくり煮出す。煮立つ直前に削り節を入れ、弱火にして削り節が沈んだら火を止める。7〜8分おいてだしをこし取る。

2. 餅を焼く。せりは洗ってザク切りにする。

3. 大根は薄切りにする。

4. 小鍋に**1**を2カップほど入れて火にかけ、塩小さじ½弱で調味し、**3**を入れる。火が通ったら豆腐を入れ、煮立ったら火を止める。

5. 椀に**2**を入れ、**4**を注ぎ入れてせりとゆずの皮をのせる。

前もって作っておくもの

うちのお正月のおつまみに、はずせないのがイクラ、数の子、いかにんじん。いずれも味がしみるのに時間がかかるので前もって作っておきます。

イクラ

新鮮な生筋子とたっぷりのお酒を使うので生臭さもなく、24時間冷凍すればアニサキスの心配もなし。少し取り分けて別に冷凍し、1日おいて解凍すれば新物(79ページ)が楽しめます。

1. 鍋にしょうゆ、酒各大さじ3、みりん大さじ1、昆布5cm角1枚を合わせ、軽く煮立て、火からおろして冷ます。
2. 1を昆布ごとボウルに入れて焼き網をのせ、筋子½腹を軽くこすりながら卵をボウルに落とす(A)。密閉容器に移し、冷凍庫で保存。大晦日に冷蔵庫へ移して解凍する。

数の子

とにかく魚卵好き。お正月はここぞとばかり、二つの味で堪能します。

1. 数の子4本は薄い塩水に浸し、途中2～3回塩水を替えて1～2日塩抜きし、表面の薄皮を取り除く。
2. 酒大さじ3、しょうゆ、みりん各大さじ1、昆布5cm角1枚を鍋に入れ、軽く煮立て、火からおろして冷ます。
3. 1の3本は2に浸し、食べやすい長さに切ってゆずの皮の細切りをのせる。残りの1本はそのまま、同様に切って削り節、わさびじょうゆで食べる。

いかにんじん

福島県の郷土料理と旅番組で知り、するめがあったのでさっそく作りました。うちのは甘さ控えめ。3日ぐらいおくと風味が漬け汁に移ってしんなりしたするめとにんじんが美味しくなるのです。

1. にんじん1本は細めの拍子切りにし、するめ1枚は軽くあぶってにんじんと同じサイズになるようキッチンバサミで切り、赤唐辛子1本の輪切りも一緒にボウルに合わせる。
2. 酒、水各30mℓ、しょうゆ、みりん各20mℓ、昆布5cm角を鍋に合わせ、軽く煮立て、熱々を1に回しかける。粗熱が取れたらジッパーつき保存袋に移して冷蔵庫で保存する。

香箱《こうばこ》がにの甲羅詰め

大阪に住む姉が毎年年末に香箱がにを送ってくれます。もともとかにの身をほじるのは得意。元日は仕事をしないと決めているので、香箱がにの甲羅詰めに挑戦してみよう！　と思ったのがきっかけです。お正月番組を見ながらひたすら、かにの身をほじる作業にいそしみます。私はこういう無心になれる作業が好きなのです。大切なのは殻を捨てないこと。ピラフ（84ページ）のよいだしになります。

香箱がには雌のずわいがにのこと。寒い季節は卵をいっぱいもっていて美味。ゆでずに蒸し器で蒸してさばく。

お正月おつまみの珍味中の珍味、内子・みそ（手前）と外子（奥）を盛り合わせ。

外子を取り出す

1. お腹を上に向け、「まえかけ」「ふんどし」と呼ばれるお腹の殻の根元の部分に指を差し込んではがす。「まえかけ」の周りについている赤茶色が外子。

2. 取り出した外子についているひも状のものを除き、そうじする。

内子とみそを取り出す

3. 脚を内側に折るようにしてはずす。

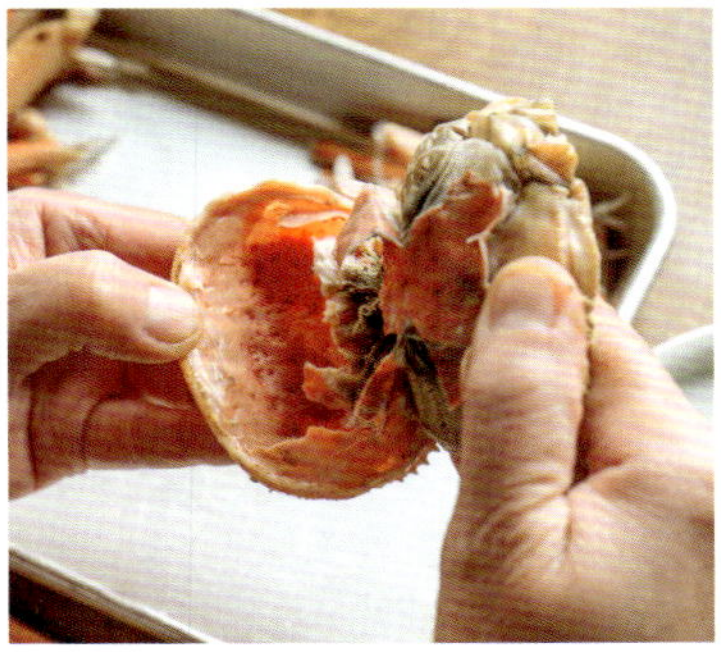

4. 胴体と甲羅に分け、胴体についているガニ（ヒラヒラ状のエラ）を取り除く。

5. 甲羅に詰まった赤い内子とみそ、白い部分も取り出し、胴体に残っている内子とみそも一緒に取り出す。

甲羅に身を詰める

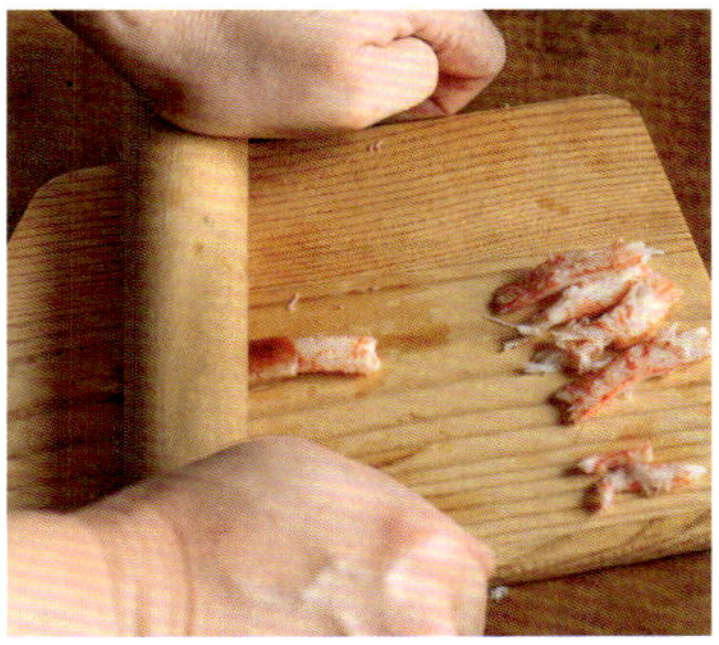

6. まな板の上に脚をのせ、めん棒を転がしながら殻から身を押し出す。

7. 胴体などについている身をかき出して甲羅に集める。

8. 上に6の棒状のかに脚の身を並べれば完成。

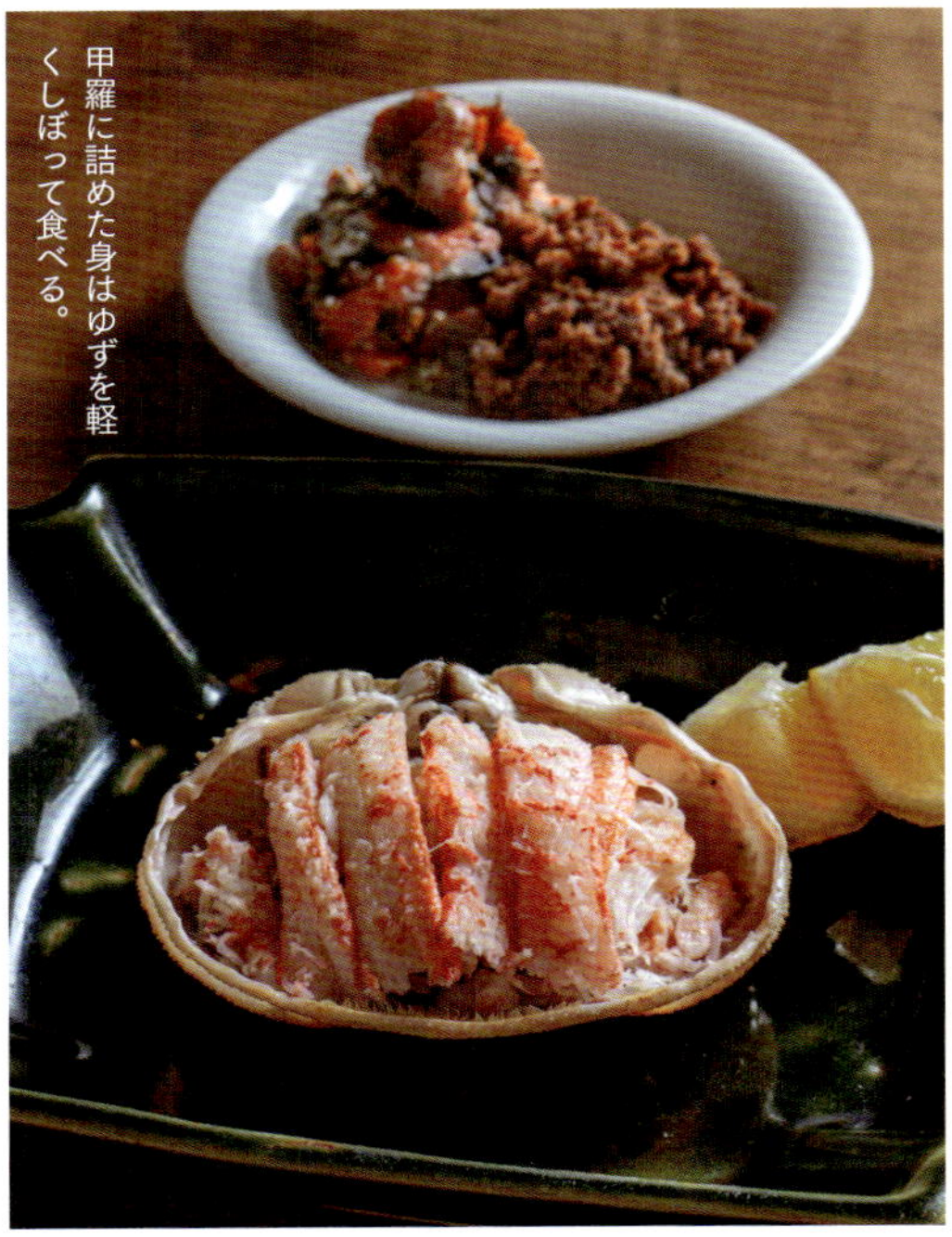

甲羅に詰めた身はゆずを軽くしぼって食べる。

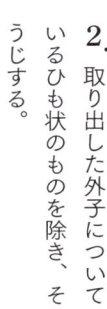

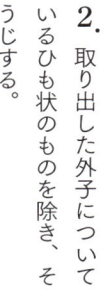

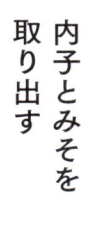

明太だし巻き卵

卵に卵を重ねる食べ方。魚卵好き、なかでも明太子好きのだし巻き卵です。コツは冷凍した明太子を使うこと。卵に巻きやすいし、切り分けると中がレアの焼き上がり。どうしてもっと早く気づかなかったのかと悔やんだほどですが、この出来上がりに大満足です。

フライ返しと菜箸を使って、明太子を手前から向こう側へ巻き込んでいく。

材料　1本分

卵……………………………………2個
だし（白だしを吸い物くらいの味にうすめる）……大さじ2
塩……………………………………少量
明太子（冷凍）……………………½腹
油……………………………………少量

1. ボウルに卵を溶きほぐし、だし、塩を加えて混ぜる。
2. 卵焼き器を熱し、油大さじ1ほどを熱して油をよくなじませ、いったん油をあける。
3. 2に1の少量を流してジュッと音がする状態になったら残りを流し入れる。
4. 卵が半熟状態になったら手前に明太子を置いて芯にし、手前から巻き込む。

長いものイクラのせ

ザ・酒肴といった一品。甘いものが苦手でおせちは作らないので、せめてと紅白のものを用意するようにしています。

材料　2人分

イクラ……大さじ2
長いも……10cm
わさび、しょうゆ……各少量

1. 長いもは皮をむき、4cm長さで太めのせん切りにする。
2. 器に1を盛り、イクラをかけてわさびじょうゆで食べる。

イクラを作ったらすぐに食べたいのが魚卵好きの心情。お正月を待たずにイクラの新物でよく作る2品です。

鮭の親子丼

少量取り分けて冷凍したイクラを翌日解凍。炊きたてご飯に焼き鮭をのせ、青じそをはさんでイクラをのせる。

鮭の炊いたんイクラかけ

生鮭を梅干しとしょうがが、みりんを入れて少しだけ甘辛く炊き、新物のイクラを合わせるとお酒のつまみに。

元日の夜は手巻きずし

さんざんおつまみで飲んだあとは手巻きずしでシメます。ご飯は少なめ、のせる具はいろいろ。焼きのりはよいものを用意します。

材料　作りやすい分量

米……………………………2カップ

すし酢

酢………………………大さじ3
砂糖……………………大さじ1
塩………………………少量
ゆずの皮(みじん切り)………大さじ2

だし巻き卵

卵…………………………3個
だし(白だしを吸い物くらいの味にうすめる)
……………………………50㎖
油…………………………少量

鯛、いか、中トロ(すべて刺身用)、
イクラ(75ページ)…………各適量
貝割れ菜、きゅうり、青じそ、青ねぎ
……………………………各適量
納豆、たくあん(せん切り)、
梅肉(梅干しの種を除いてたたく)……各適量
からし、しょうゆ、わさび、焼きのり
……………………………各適量

1. 米はといで2カップの水で炊く(58ページ)。
2. すし酢を作る。小鍋に酢、砂糖、塩を合わせて火にかけ、砂糖、塩を溶かす。冷めたらゆずの皮を入れる。
3. 炊きたてのご飯に2を混ぜ、あおぎながら冷まし、すし飯を作る。
4. だし巻き卵を作る。卵を溶きほぐしてだしを加える。卵焼き器に油大さじ1を入れて熱し、余分な油をペーパータオルでふいて、⅓量の卵液を流し入れる。半熟状態になったら手前に寄せ、向こう側と卵の下を油を吸ったペーパータオルで油をひき、残りの⅓量を流し、向こう側に巻きながら焼く。残りも同様にして焼く。冷めたら5㎝長さの棒状に切る。
5. 鯛、いかは5㎝長さの棒状に切る。貝割れ菜は根元を切り、きゅうりは5㎝長さの棒状に切る。
6. 中トロはたたいて青ねぎの小口切りと合わせる。納豆はかき混ぜてからしを混ぜる。
7. 大皿に青じそを敷いて5、イクラ、4を盛り合わせる。6、梅肉、たくあんはそれぞれ器に盛り、すし飯、焼きのりとともに食卓に出し、わさび、しょうゆなど好みで食べる。

いかと梅肉の取り合わせは定番。
ご飯は少なめで。

茶碗蒸し

具を入れず、トロトロの蒸し上がりを吸い物代わりに飲むように食べます。よいおだしでシンプルに。大ぶりの器で蒸して取り分けます。中華の時は、レトルトのフカひれあんかけをのせたりもします。

材料　作りやすい分量

卵…………………………4個
だし(74ページ)……………3カップ
塩…………………………小さじ1
しょうゆ……………………小さじ1½
酒…………………………小さじ1
みつば……………………適量

1. ボウルに卵を溶きほぐし、だし、塩、しょうゆ、酒を入れてよく混ぜ、こして大きめの丼に入れる。
2. 湯気の上がった蒸し器に1を入れ、中火で15～20分蒸す。みつばを刻んでのせ、取り分けて食べる。

正月三日は洋食

正月二日は実家に新年のあいさつに行くのが恒例。昼から夜まで食べたり飲んだり、お呼ばれです。大晦日から和食が続くので、そろそろ洋食が食べたくなる。うちでは毎年三日は洋食が決まりです。

煮込みハンバーグ

火の通りの心配をしないですむのが煮込みハンバーグのよいところ。土鍋で煮込みます。下準備したらある程度放っておけて、その間に前菜やサラダを作れるので楽ちんです。残った煮汁は冷凍保存。次回作る時に加えるとコクが増します。

材料　作りやすい分量

ハンバーグ

合びき肉……200g
卵……1個
玉ねぎ……大1個
パン粉……大さじ2
牛乳……50mℓ
塩、こしょう……各少量

にんじん（小さめの乱切り）……80g
玉ねぎ（くし形切り）……½個
セロリ（斜め薄切り）……60g
しめじ（小房に分ける）……1袋
ミニトマト……6個
完熟粗ごしトマト……1カップ
ローリエ……1枚
油……小さじ2
シチューの煮汁の冷凍（なければ市販のドミグラスソース）……350g
塩、こしょう……各少量

1. ハンバーグを作る。玉ねぎはみじん切りにして電子レンジで2分加熱する。
2. パン粉に牛乳を混ぜてしとらせる。
3. ボウルにひき肉を入れて塩、こしょうをふり、卵を割り入れてよく練り混ぜる。2を加えてさらによく練り混ぜ、1を加えてさらに混ぜる。4等分にして小判形にまとめ、真ん中をくぼませる。
4. 土鍋に油を温め、3を入れる。焼き目がついたら返して両面を焼き、取り出す。
5. 4の土鍋ににんじん、玉ねぎ、セロリを入れ、脂をこそげながら炒める。水300mℓ（分量外）、粗ごしトマト、ローリエを加えて煮込む。にんじんがやわらかくなったらしめじを入れ、シチューの煮汁を解凍して加え、塩、こしょうで調味し、混ぜながら煮る。しめじがしんなりしたら取り出しておいた4を戻し入れ、15分ほど煮込む。ミニトマトを散らして食卓へ。

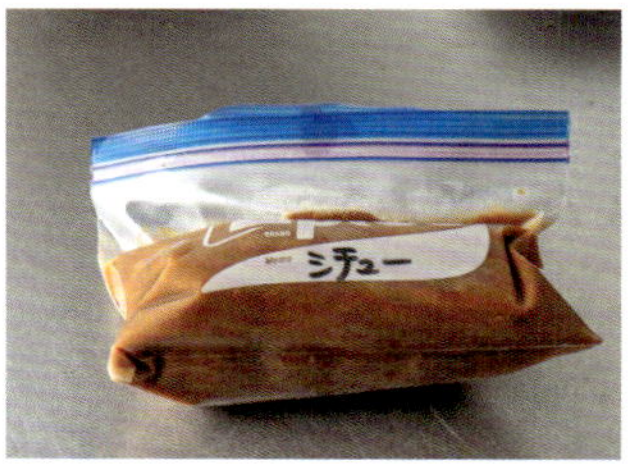

シチューの残った煮汁はジッパーつき保存袋などに入れて冷凍しておく。次に作る時に、解凍して加えると、ぐんとコクが増す。

ひき肉はよく練り混ぜることが大切。卵、牛乳でしめらせたパン粉を順に入れ、そのつどよく練り混ぜる。

小判形にまとめたら、真ん中にこのようにくぼみを作る。

油をひいて温めた土鍋に入れ、両面に焼き色がつくまで焼いて取り出し、野菜を炒める。

粗ごしトマトと水を加え、にんじんがやわらかくなるまで煮込む。

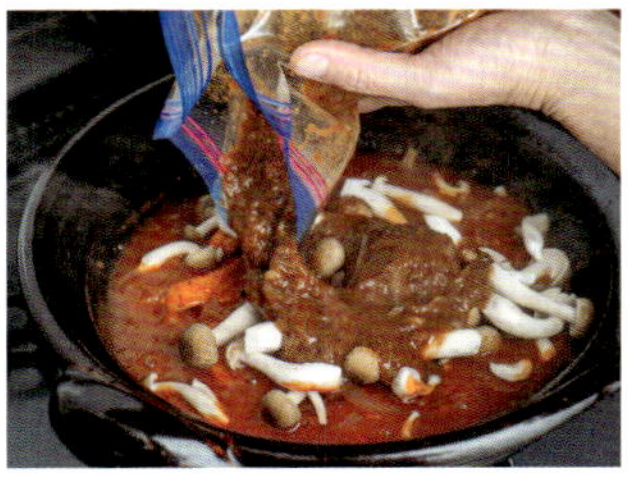
冷凍保存のシチューの煮汁を解凍して加えるとコクが違うのでおすすめ。

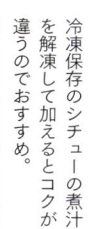

メヒコ風ピラフ

益子にいた頃に何回か茨城県の大洗海岸に行きました。その時に行ったメヒコというレストランのカニピラフがとても美味しくて再現。元日にたくさんほじったかにの甲羅や脚のガラを使います。よいだしが出ます。香味野菜は小さく切れば切るほどかわいらしくなるなと思っています。

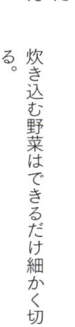

身を取った残りのかにの殻はよいだしが出る。香味野菜と水、酒を加えて煮出す。

炊き込む野菜はできるだけ細かく切る。

といだ米にバターで炒めた香味野菜、かにの身をのせてスープを注ぐ。

蒸らし終えたらバターを入れ、溶かしながら混ぜる。

材料　作りやすい分量

米……2カップ
かにの身……1ぱい分

スープ

かにの殻（甲羅、脚）……2はい分
水……600㎖
酒……50㎖
ローリエ……1枚
セロリの葉……1本分
固形スープの素……1個

玉ねぎ（みじん切り）……150g
セロリ（みじん切り）……50g
にんじん（みじん切り）……100g
しょうゆ……小さじ1
バター……20g
塩、こしょう……各少量

サラダ

レタス、きゅうり、トマト……各適量
オリーブ油、塩……各適量

1. スープを作る。鍋にかにの殻ほかすべての材料を入れて火にかけ、煮立ったら弱火にして5分ほど煮出し、こす。水を足して2カップにし、しょうゆを加えて混ぜる。

2. フライパンにバター10gを溶かし、玉ねぎ、セロリ、にんじんを炒め、塩、こしょうする。

3. 米をといで水をきり、羽釜に入れて2、かにの身を入れ、1、ローリエも戻し入れる。

4. 3を30分ほどおいて火にかけ、ふいてきたら弱火にして13分炊く。5分ほど蒸らし、バター10gをのせて混ぜる。

5. サラダを作る。レタスはちぎって冷水でパリッとさせ、水をしっかりきる。きゅうりは斜め薄切りにし、トマトも薄く切る。冷蔵庫でよく冷やして盛り合わせ、オリーブ油と塩をかける。

キッシュ

冷凍パイシートを使って作るお手軽料理。そもそもお菓子を作らないのでパイ生地作りの知識がない。最近は美味しい市販品が出回るようになり、うちでもキッシュを作るようになりました。パイの部分がべちゃっとならないよう焼き方については研究を重ね、たどり着いたのは、しっかり焼く、しっかり冷ます。これが二大重要ポイントだと気づきました。

材料　直径20㎝のタルト型1台分

パイシート（冷凍）……………1枚
ほうれん草……………100g
しめじ（ほぐす）……………100g
ベーコン（細切り）……………60g
塩、こしょう、油……………各少量
キッシュ生地
卵……………2個
生クリーム……………½カップ
しょうゆ……………小さじ¼
塩、こしょう……………各少量
ピザ用チーズ……………50g

1. 室温に戻したパイシートを型に敷き込み、200℃のオーブンで約20分、から焼きし、よい感じに焼けたらこのまま冷ます。
2. ほうれん草はゆでて水に取り、水けを絞って3〜4㎝長さに切る。
3. フライパンに油を入れ、ベーコンを炒める。塩、こしょうをふり、しめじ、2を加えて炒め合わせる。
4. キッシュ生地を作る。ボウルに卵を入れ、泡を立てないよう静かにほぐす。生クリーム、しょうゆ、塩を加えて混ぜ合わせ、塩が溶けたらこし器を通し、こしょうを加えて混ぜる。
5. 4に3を加えて混ぜ、1に入れてチーズを散らし、180℃のオーブンで20〜25分、こんがり焼き色がつくまで焼く。

具がたっぷり。から焼きしたパイ生地に入れてならし、焼く。

しらすのピザ

エライのは4種のチーズのピザを見つけたこと、そしてチーズとしらすの相性が抜群であることを本能的にかぎ取っていたことだけ。こんなに簡単で美味しい主婦の味方がありましょうか。そしてこんな料理を紹介してよいのでしょうか（笑）。スパークリングワインに実によく合うのです。

材料　2人分

4種のチーズのピザ（市販品）……1枚
釜上げしらす……ひとつかみ
ピザ用チーズ……適量
粒こしょう……少量

4種のチーズのピザにしらすを散らし、ピザ用チーズをたっぷりのせて粒こしょうをひきかけ、高温のオーブントースターで15～20分、チーズが溶け、ピザの端に焼き色がつくまで焼く。

芽吹きの季節

伊賀はあまり雪は降りません。だから寒いと人はよく言います。1月、2月の厳しい寒さを乗り越えたころ、茶色がかった庭がうっすらと緑色に変わってきます。桜のつぼみもほころびそうになると、つくしや野みつば、甘草《かんぞう》、野ぜり、たらの芽などの山菜がいっせいに芽吹いてきます。少しあとには、わらび。

妹はきのこ同様わらび採りにも目がありません。犬の散歩ついでに毎日必ず採って、わが家の玄関先に置いていってくれます。

山菜と並び、春の幸たけのこ。数年前から楽しむことができるようになりました。

草むらのどこにわらびがあるのか、最初は見つけられずにいたが、徐々に生えているわらびが目に飛び込んでくるように。今朝の収穫！

今日は山菜採りの名人、妹と一緒に山へわらび採りに。

妹はすでに遠方の斜面にわらびの群れを発見。朝一番、今日は実家の愛犬楽《がく》も一緒。

友人がカゴいっぱい届けてくれた朝摘みの野みつば、野ぜり（下）。義母から届いたこごみ、たらの芽、木の芽（左）。

山菜の天ぷら

山菜のほろ苦さは長い冬が終わって春が来たことを感じられて好きです。まずは天ぷら。衣に卵は使わず、小麦粉と冷たい水だけでサクッと軽く揚げます。

材料　作りやすい分量

たらの芽……80g
こごみ……70g
野みつば……40g
木の芽……ひとつかみ
ちりめんじゃこ、皮むき白いりごま……各少量
小麦粉……50g
冷水……100㎖
塩……少量
揚げ油……適量

1. 木の芽にじゃこ、いりごまを混ぜる。
2. ボウルに小麦粉、冷水を混ぜて衣を作る。
3. ポリ袋に、たらの芽と小麦粉少量（分量外）を入れ、粉をまんべんなくつけて2の衣をつけ、中温の油でカラリと揚げる。同様にこごみ、野みつばも揚げる。
4. 1に小麦粉（分量外）を軽くふりまぜて2をつけ、箸でつまみながら中温の油でカラリと揚げる。3とともに盛り合わせ、塩をふる。

野みつばとほたるいかのバター炒め

ふだんは菜の花とほたるいかで作りますが、野みつばをいただいたので合わせたら香りよい春の一品になりました。ほたるいかは目と背中の軟骨を取り除くとぐんと美味しくなります。

材料　2人分

野みつば……ひとつかみ
ほたるいか（目と背中の軟骨を除く）……150g
バター……10g
しょうゆ……小さじ1
塩、こしょう……各少量
オリーブ油……小さじ1

フライパンにオリーブ油を温め、バターを入れて溶かし、ほたるいかを炒める。野みつばを入れてさっと炒め合わせ、しょうゆ、塩、こしょうで調味する。

わらびと油揚げ、鶏肉の煮物

昔から大好きな煮物。おつまみにはもちろん、ご飯のおかずにぴったりです。わらびは長く火を通すと歯ごたえがなくなるのでさっと炊いたんが好きです。採ってきたわらびはすぐにアク抜きします。灰は仕事柄、売るほどあるので、うちでは重曹ではなく灰を使います。

材料　作りやすい分量

わらび（アク抜きしたもの）……250g
鶏もも肉……100g
油揚げ……1枚
酒、しょうゆ、みりん……各大さじ1
だし……200㎖
ごま油……大さじ1

1. わらびは茎と穂先を分けて、食べやすい長さに切る。鶏肉は小さく切る。油揚げは縦半分に切り、1㎝幅に切る。
2. 鍋にごま油を温め、鶏肉を入れて炒める。色が変わってきたら、わらびの茎と油揚げを入れて炒め合わせる。だし、酒、しょうゆ、みりんを加えて5分ほど煮たら、わらびの穂先を加え、10〜15分、弱めの中火で煮含める。

わらびのアク抜き

わらびはバットに並べて灰をわらびが隠れるくらいにふり入れ、やかんでわかした熱湯を回しかけて1日おく。灰汁を洗い流して使う。

たけのこの鯛しゃぶ

ずっとたけのこを食べられない時期がありましたが、歳を取って体質が変わったのか、4年前の春、いきなり食べられるように。「あれ？ 美味しい！」。ここからたけのこ料理に目覚めました。よいおだしで炊いたたけのこの味をようやく理解できるようになり、ならばと考えついた鍋料理です。もともと鯛しゃぶは好きでよくやっていましたが、春が旬の二大素材を合わせてみて以来、定番の鍋になりました。

取り分けたら春の香りをもう一つ添える。なんといってもうちには義母が送ってくれる花山椒（63ページ）がいつもあるのだから。

材料 2人分

ゆでたけのこ……………………150g
鯛（刺身用）……………………150g
だし※…………………………4カップ
酒………………………………小さじ4
塩、しょうゆ…………………各小さじ1
花山椒…………………………適宜

※鍋に昆布5cm角2枚と水1.5ℓを入れて弱めの中火にかけ、ゆっくり煮出す。煮立つ直前に削り節30gを入れる。弱火にして削り節が沈んだら火を止め、7～8分おいてこし取ったもの。

1. たけのこは食べやすい長さの薄切りにする。
2. 鯛はそぎ切りにする。
3. 土鍋にだしを入れて火にかけ、酒、塩、しょうゆを加え、1を入れて煮る。
4. 数分煮たら、2を入れてしゃぶしゃぶし、器にたけのこ、鯛を取り分け、煮汁を注ぐ。あれば花山椒をのせる。

たけのこの梅あえ

歯ごたえを生かしつつ、たけのこをおつまみとしてさっぱりと食べるのもいいなと考えました。

材料　2人分

ゆでたけのこ……………………80g
梅干し…………………………1個
白だし…………………小さじ1
酒……………………………少量
木の芽…………………………少量

1. たけのこはいちょう切りにしてさっとゆでて湯をきる。梅干しは種を取り除き、包丁で細かく刻み、たたく。
2. 鍋に白だし、酒を入れて煮立て、アルコール分を飛ばして冷ます。
3. ボウルに1のたけのこと梅干しを入れ、2を加えて混ぜる。器に盛り、木の芽をのせる。

たけのこのペペロンチーニ

義母が掘ってくれた日光のたけのこ、伊賀のご近所からのおすそ分けと、時季になるとたくさんのたけのこをいただきます。無駄にしないためには和食にこだわらずに使います。基本的にはアーリオオーリオが大好きなので、試してみたら大満足。白ワインに合います。

材料　2人分

ゆでたけのこ……………………200g
にんにく(みじん切り)…………2かけ
赤唐辛子(輪切り)………………1本
オリーブ油………………大さじ2
塩………………………小さじ¼
しょうゆ……………………小さじ½

1. たけのこはいちょう切りにする。
2. フライパンにオリーブ油、にんにく、赤唐辛子を入れて火にかけ、香りが立ってきたらたけのこを入れる。塩をふり、たけのこを焦がす感じで炒め、にんにくが焦げる寸前のカリカリになったらしょうゆを回し入れて香りをつける。

たけのこご飯

お揚げさんと鶏肉と一緒に、たけのこの王道炊き込みご飯です。炊き上がってふたを開けた瞬間のあの香り！　あれは幸せの香りですね。最近は、たけのことお揚げと鶏肉を甘辛く炊いておいて、炊き上がった白米に混ぜ込むやり方も試していますが、どちらにもそれぞれのよさがあります。

材料　作りやすい分量

米……………………2カップ
ゆでたけのこ…………200g
鶏もも肉………………80g
油揚げ…………………50g
白だし、酒……………各50㎖
水……………………300㎖
木の芽…………………適宜

1. 米はといで水けをきる。
2. たけのこは食べやすい長さの薄切りにする。
3. 鶏肉は5㎜角に切って酒、しょうゆ各小さじ1（分量外）につけておく。
4. 油揚げは縦半分に切り、さらに5㎜幅に切る。
5. 分量の水、白だし、酒を合わせておく。
6. 羽釜に1を入れ、5を注ぎ、2、汁けをきった3、4をのせ、ふたをして30分ほどおく。弱めの中火で5分ほど温め、強火にする。沸騰したら弱火にして約13分炊く。火を止め、5分ほど蒸らす。ふたを開け、混ぜて碗に盛り、木の芽をのせる。

夏のとっておきの楽しみ

鮎ご飯

昔は父がよく釣ってきてくれた鮎。瓜のような香りと身のやさしい味とわたのほろ苦さ。大好きな魚です。実家では蓼《たで》が植えてあるので蓼酢で食べるのが当たり前でしたが、うちにはありません。その代わり、わが家には花山椒（63ページ）がたっぷりある！　お酒に合うご飯です。

材料　作りやすい分量

鮎……2尾
米……2カップ
水……360㎖
酒……40㎖
塩、しょうゆ……各小さじ1
花山椒……適宜

1. 米はといで水けをきる。
2. 鮎はぬめりをぬぐい、胸びれ、背びれ、腹びれ、尾びれに塩（分量外）をすり込んで（A）、魚焼きグリルできつね色になるまで皮目を乾かすようにして焼く。
3. 分量の水、酒、塩、しょうゆを混ぜ合わせる。
4. 羽釜に1を入れ、3を注ぎ、ふたをして30分ほどおく。弱めの中火に5分ほどかけて温め、強火にする。沸騰したら2の鮎を入れ（B）、弱火にして約13分炊く。火を止め、そのまま5分ほど蒸らす。鮎を取り出し、頭と骨を取り除き（C）、身を戻してご飯と混ぜる（D）。器に盛り、花山椒をのせる。

夏の楽しみといえば、鮎と鱧《はも》。なんといってもこの二つ。そしてしそ、みょうが、梅。これらの薬味があれば暑さも乗り切れます。なによりビールが一番美味しい季節。夏ならではの鍋物もあります。大汗かいてシャワーを浴びてさっぱりしたら熱帯夜もよく眠れるのです。おかげでクーラーがないわが家でも、年々ひどくなる猛暑をなんとか夏バテせず、かわせている気がします。ちょっとは夏痩《や》せしてみたいものですが。

鱧《はも》はま鍋

鱧が大好きです。関西は鱧が安くてうれしい。季節中ずっと安い。落としや天ぷらも楽しみますが、ある時半額のはまぐりを見つけたので、鱧とお見合いをさせたのです。言わずもがなの好相性。以来毎年作るようになった真夏の土鍋料理です。

材料　2人分

鱧(骨切りしたもの)……1尾
はまぐり(殻をこすり合わせて洗う)……10個

A
白だし……20㎖
塩……小さじ1
しょうゆ……少量
水……適量
(白だし以下を混ぜ、吸い物くらいの味になる量)

昆布……5㎝角1枚
梅だれ※
ご飯……飯茶碗に山盛り1杯
卵……2個

※梅干し2個の種を除き、果肉をよくたたいて白だし、水各小さじ2を混ぜてのばしたもの

1. 鱧は骨切りした身のきれいなものを求め、食べやすい長さに切る。

2. 土鍋にAの材料とはまぐりを入れて火にかける。

3. はまぐりの殻が開いてきたら鱧を入れる。

4. 器に鱧を取り、梅だれをかける。はまぐりは汁と一緒に食べる。

シメは「待ってました！」の雑炊

鱧とはまぐりを食べたあとに残るのは最高のだし。雑炊を食べるためにこの鍋をする、と言ってもいいくらいです。

❶鍋汁が入った土鍋を火にかけ、煮立ったら水洗いしたご飯を入れる。混ぜながら再び煮立ったら火を弱め、5分ほど煮る。

❷ご飯がやわらかくなったら中火にし、卵を割りほぐして回し入れる。

❸卵が固まってきたら器に取り分ける。

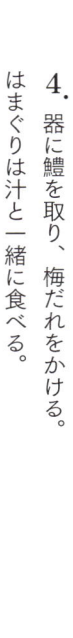

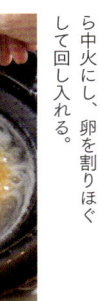

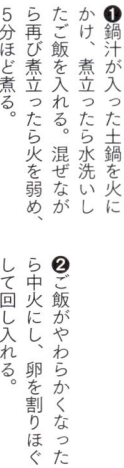

日光の義母から送られた山盛りのみょうが。空芯菜、えごま、ししとうなど夏野菜がギュッと詰まったうれしい贈り物。

みょうがの混ぜご飯

義母からみょうががどっさり届く夏。山のように掘り起こし、一つずつ土を洗い流した美しいみょうがですから、夏になったら毎日必ず食べています。とにかく無駄にしたくないの一心で、大量消費するための料理を懸命に考えて思いついたもの。炊きたてご飯の熱で、みょうがの赤いところが消え、一瞬で緑色に変わるのが不思議議です。

材料　作りやすい分量

米……………………2カップ
みょうが…………10～15個
油揚げ…………………1枚
釜上げしらす…………80g
白だし……………20mℓ※
酒………………………30mℓ
水……………………350mℓ

※しらすの塩けが強い場合は少し減らす。

1. 米はといで水けをきる。
2. 油揚げは縦半分に切って2㎜幅の細切りにする。
3. みょうがは縦にせん切りにする。
4. 分量の水、白だし、酒を合わせておく。
5. 羽釜に1を入れ、2を散らして4を注ぐ。ふたをして30分ほどおき、弱めの中火で5分ほど温め、強火にする。沸騰したら弱火にして約13分炊く。火を止めて5分ほど蒸らし、しらす、3を加え、底から混ぜる。

油揚げはコクが出るので米と一緒に炊く。

蒸らし終えたらしらすを入れる。

みょうがを入れて底から混ぜ、ご飯の余熱で少ししんなりさせる。

みょうがのフライ

材料　2人分

みょうが……6〜7個
小麦粉、パン粉……各適量
卵……½個
揚げ油……適量
塩（ヒバーチ、クミンなどのパウダーを混ぜても）……少量

みょうがに小麦粉、溶き卵、パン粉を順につけ、中温の油に入れてきつね色に色づくまでカリッと揚げて油をきる。好みの塩をつけて食べる。

トマトと新玉ねぎのサラダ

熱々のフライに冷たく冷やしたトマトのサラダを。

材料　2人分

新玉ねぎ½個は繊維を断つように薄切りにして皿に敷き、皮をむいて八つ切りにしたトマト1個をのせ、よく冷やす。食べる時に青じそのせん切り少量をのせ、塩とオリーブ油各少量を回しかける。

みょうがは薬味だけでなく、おかずにもおつまみにもします。天ぷらは飽きたなぁとフライにしてみたらいけました。洋食の時の一品にもなり、ビールにもよく合います。カレー塩、ヒバーチ塩、クミン塩など塩をかえるとまた楽しい。

みょうがとゴーヤーのおひたし

ゴーヤーはチャンプルーだけでなく、和食でさっぱり食べたいなと思っていた時、そうだ、みょうががある！　みょうがの香りとゴーヤーのほどよい苦みがビールによく合います。

材料　2人分

みょうが……………………5個
ゴーヤー…………………½本
しょうゆ……………小さじ1
ごま油………………小さじ½
皮むき白いりごま、削り節……各少量

1. みょうがは縦に薄切りにする。
2. ゴーヤーは縦半分に切り、わたと種をかき出して小口から薄切りにする。
3. 鍋に湯をわかし、ごま油少量（分量外）を加えて2を入れ、ひと呼吸おいて1を入れ、シャキシャキにゆでてザルに取り、水で冷まして水をきる。
4. ボウルに3を入れ、しょうゆ、ごま油、いりごまを加えて混ぜ合わせ、器に盛って削り節をのせる。

みょうがのバターじょうゆ炒め

何かで見て、これも大量消費できる！と思って再現したら、バターとみょうがが、意外によく合って、思った以上に美味しくてびっくりしました。

材料　2人分

みょうが……………………20個
バター………………………10g
オリーブ油……………小さじ1
酒……………………大さじ1
しょうゆ……………小さじ½
塩、こしょう……………各少量

1. みょうがは縦に薄切りにする。
2. フライパンにオリーブ油を温め、バターを入れ、溶けてきたら1を入れ、ざっと混ぜながら炒める。酒と塩、こしょうをし、しょうゆを回し入れて香りをつける。

たこと新しょうがの炊き込みご飯

関西では半夏生《はんげしょう》（夏至から11日目前後から七夕まで）には、たこを食べます。ちょうどこの頃出る新しょうがが香りよく、炊くときれいなので合わせて使います。炊き込みご飯の日は、簡単なおかずでいいと決めています。

材料　作りやすい分量

米……………………2カップ
ゆでだこ（足）………大2本（230g）
新しょうが……………大1かけ
酒、白だし……………各50ml
水……………………300ml

1. 米はといで水けをきる。
2. しょうがは繊維に沿ってせん切りにする。
3. たこは薄切りにする。
4. 分量の水、白だし、酒を合わせておく。
5. 羽釜に1を入れ、2をのせて4を注ぐ。ふたをして30分ほどおき、弱めの中火で5分ほど温め、強火にする。沸騰したら3を入れ、弱火にして約13分炊く。火を止め、5分ほど蒸らして底から混ぜる。

といだ米にせん切りにした新しょうがをのせ、だし汁を注ぐ。

ふいてきたらふたを取り、たこを入れ、ふたをして炊く。

炊き上がったら5分ほど蒸らし、底から混ぜる。

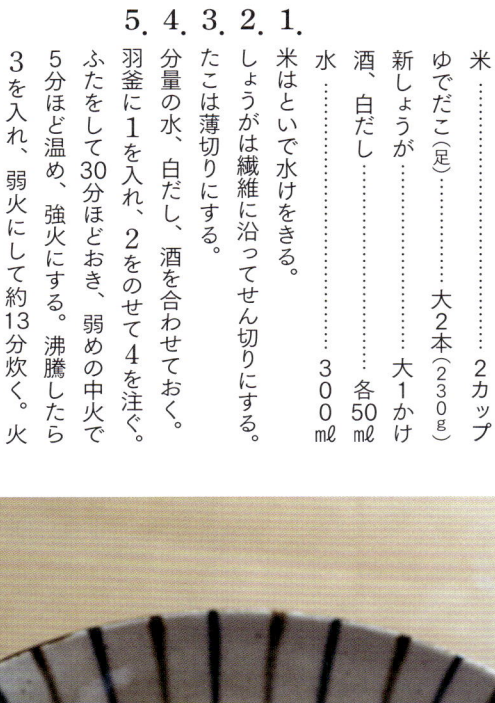

母から分けてもらう塩は小分けにして台所に。この塩壺はかずさんの作品。中が素焼きなので余分な水分を吸い、塩が過度にしっけない。

袋買いした塩をザルにあけて日向干しし、サラサラにして母は使っている。

調味料のこと

日々使う基本調味料。それぞれ使い慣れているものがあると思いますが、私が使っている調味料についてお話ししたいと思います。

しょうゆと塩に関しては浮気しません。しょうゆは地元伊賀の醸造元から直接買っています。実家のしょうゆがずっとこれだったので、益子に住んでいた5年間もこれだけは取り寄せていました。辛すぎず、うすすぎず、コクがあり、私にとっては味を決める一番大事な調味料です。塩は母に感謝です。母の友人が韓国から大量に取り寄せている塩を母に送ってもらい、それを分けてもらっています。ほのかな甘みがあって好きな塩です。

みそはその時のおかずや気分で、赤だしや麹みそ、麦みそなどを使い分けています。ずっと「一番のみそ」を追い求め続けていますが、今は美味しそうだと思ったら買っているので特に銘柄を決めていません。買ってみて味がいまいちという場合も。その時は、昆布を一枚、みその容器にしのばせます(22ページ)。昆布のうまみ成分で味がよくなるからです。

母は毎日必ずだしを取っていますが、私は一度いただいた麺つゆや白だしを使ってから、もうこれなしではいられなくなりました。こんなに簡単で便利、美味しいなんて！　いろいろ出回っていますが、麺つゆはあまり甘くなく濃い味のもの、白だしは塩味がきつくないものが好みです。

だしパックも便利です。昆布だけはたくさんあるので、しっかりだしを効かせたい料理には、前の晩からボトルにだしパックと昆布1枚と水を注いで冷蔵庫へ。「だし昆布水」(17ページ)がそれです。

ごま油は妹にもらう太白ごま油が好きです。ごま油の香ばしさがほしいナムルなどには、特濃の韓国ごま油を使っています。

基本調味料ではありませんが、特に夏は母の作る梅干しが大活躍。薬味としても、また魚や鶏肝などを煮る時など、梅干しはしょうがとともに欠かせないアイテムです。

毎年10kg単位で母が漬ける梅干しを分けてもらっている。

うどん屋で売っているこのだしパックを今は愛用。

しょうゆは地元伊賀の醸造元「宮崎屋」から購入。ごま油は万能で使える太白ごま油と強い香りの韓国産ごま油。麺つゆ、白だしは手軽に味を決めるには欠かせないもの。中央の梅酢（30ページ）は基本調味料としてよく使っている。

索引

野菜

生ピーマン、つくねのっけ……8
ゴーヤーチャンプルー……20
パリパリ揚げ麺サラダ……21
冷しゃぶサラダ……23
きゅうりとみょうがの浅漬け……23
カリカリじゃこサラダ……25
きのことぎんなんのアヒージョ……28
れんこんチップス……29
日野菜漬け……30
メンマ……37
きぬかつぎ……47
ポトフ……48
翌日はスープカレー……49
クリームシチュー……50
山菜の天ぷら……90
野みつばとほたるいかのバター炒め……90
わらびと油揚げ、鶏肉の煮物……91
たけのこの鯛しゃぶ……92
たけのこの梅あえ……94
たけのこのペペロンチーニ……95
みょうがのフライ……104
トマトと新玉ねぎのサラダ……104
みょうがとゴーヤーのおひたし……105
みょうがのバターじょうゆ炒め……105

肉・加工品

土鍋シューマイ……14
ガーリックポークソテー……15
塩ねぎ豚カルビ……26
定番豚のしょうが焼き……27
砂肝とれんこんのガリバタ炒め……29
鶏モツの梅酢煮……31
煮豚と煮卵……37
牛すじとこんにゃくの煮込み……44
鶏手羽先と春雨の煮込み……46
松茸のすき焼き……54
大晦日は鴨すき、鴨南蛮がシメ……72
煮込みハンバーグ……82

魚介・加工品・魚卵

「好きなだけどうぞ！」のえびフライ……12
えびカツ煮……13
オイルサーディンのパン粉焼き……19
ちくわの磯辺揚げ……19
新玉明太……21
あじのなめろうと酢じめ……22
明太とろろ……25
わかさぎの天ぷら……31
イクラ……75
数の子……75

いかにんじん……75
香箱がにの甲羅詰め……76
長いものイクラのせ……79
鮭の炊いたんイクラかけ……79
鱧はま鍋……100

ご飯・餅

衣笠丼……17
松茸ご飯……56
新米ご飯とかき玉みそ汁……59
おにぎり三種……62
混ぜご飯……63
天むす……64
しら玉丼……65
土鍋焼きビビンパ……66
梅じゃこ納豆チャーハン……67
元日はまずお雑煮……74
鮭の親子丼……79
元日の夜は手巻きずし……80
メヒコ風ピラフ……84
たけのこご飯……96
鮎ご飯……98
みょうがの混ぜご飯……102
たこと新しょうがの炊き込みご飯……106

麺・パスタ・粉もの

マカロニサラダ……13
きつねうどん……17
たこ焼き……24
ソース焼きそば……32
広島風つけ麺……34
担々麺……35
ラーメン……36
ぶっかけそば……38
うぞうめん……39
引きずりうどん……40
釜玉明太バターうどん……41
土鍋みそ煮込みうどん……41
カルボナーラ……42
ルパンのミートボールパスタ……43
楽しみなのがマカロニグラタン……51
人形たけのペペロンチーニ……57
キッシュ……86
しらすのピザ……87

卵・油揚げ

炒り卵がメインのうちの春巻き……10
うちの「きつね」……16
焼き油揚げ……19
スワンラータン……31
明太だし巻き卵……78
茶碗蒸し……80

かしわぎまどか

柏木円

1974年、三重県伊賀の丸柱に江戸時代より続く伊賀焼の窯元「土楽」の七代目で陶芸家の福森雅武の三女として生まれる（妹は「土楽」八代目福森道歩）。大学卒業後、実家の仕事に就き、結婚して栃木県益子で5年暮らす。夫一天《かずひろ》は主に陶器、本人は主に磁器の作陶を続け、仕事場を持つために丸柱に帰郷。益子時代から日々の食事は自宅で、が基本。楽しみは食べて飲むこと。両親から与えられた確かな味覚、特に父からは味を決める大切な要素を教えられ、ていねいに作る料理は、ごく身近で安価な材料にも光を与え、食べた者を魅了する。潤沢とは言えない生活の中で、誠実で謙虚、何より「美味しく食べたい！」が、かけがえのない豊かさを生んでいる。

日々《ひび》の料理《りょうり》、
時々《ときどき》ごちそう
まどかの台所《だいどころ》

企画・構成・編集　岡野純子
アートディレクション　昭原修三
デザイン　植田光子
撮影　中里一暁
プリンティングディレクター　栗原哲朗（TOPPANクロレ）

2024年11月15日　第1刷発行

著　者　柏木《かしわぎ》　円《まどか》
発行者　渡辺能理夫
発行所　東京書籍株式会社
〒114－8524　東京都北区堀船2－17－1
電話　03－5390－7531（営業）
03－5390－7508（編集）
印刷・製本　TOPPANクロレ株式会社

ISBN987-4-487-81720-7 C2077 NDC596